Iran als Spielball der Mächte?

Zivilisationen & Geschichte

Herausgegeben von
Ina Ulrike Paul und Uwe Puschner

Band 11

PETER LANG

Frankfurt am Main · Berlin · Bern · Bruxelles · New York · Oxford · Wien

Ghazal Ahmadi

Iran als Spielball der Mächte?

Die internationalen Verflechtungen
des Iran unter Reza Schah und
die anglo-sowjetische Invasion 1941

PETER LANG
Internationaler Verlag der Wissenschaften

Bibliografische Information der Deutschen Nationalbibliothek
Die Deutsche Nationalbibliothek verzeichnet diese Publikation in
der Deutschen Nationalbibliografie; detaillierte bibliografische
Daten sind im Internet über http://dnb.d-nb.de abrufbar.

Umschlaggestaltung:
Olaf Glöckler, Atelier Platen, Friedberg

Umschlagabbildung:
Weresk-Brücke, Iran.
Gedruckt mit freundlicher Genehmigung
von Ninara.

Gedruckt auf alterungsbeständigem,
säurefreiem Papier.

ISSN 1867-092X
ISBN 978-3-631-59467-4
© Peter Lang GmbH
Internationaler Verlag der Wissenschaften
Frankfurt am Main 2011
Alle Rechte vorbehalten.

www.peterlang.de

Plaything of the Powerful? Iran's International Entanglement under Reza Shah and the Anglo-Soviet Invasion 1941

Abstract

While there is much discussion about Iran's current foreign policy, not enough has been said about Iran's political motives before the Islamic Republic. This study analyzes the foreign policy of Iran during the 1921 to 1941 reign of Reza Shah as field of interest for the Great Powers Great Britain, the Soviet Union and the German state. The objective is to ascertain whether Iran was able to pursue a self-determined and sovereign foreign policy within this setting and to examine the influence of domestic developments on Iran's foreign policy. To that end the study evaluates published sources from the German Auswärtiges Amt and the British Foreign Office, as well as from Soviet and contemporary sources. The perspective is a global-historical one, adopting a transnational orientation which incorporates the approach of *entangled history* proposed by Randeria and Conrad. In addition, Gallagher and Robinson's *informal empire* theory is applied. It is concluded that Reza Shah's centralized and modernized state succeeded in repositioning itself within the community of states and thereby set a new course in its foreign policy. The Anglo-Soviet invasion of 1941 proved, however, that the roots of British and Soviet informal power were not to be challenged.

آیا ایران توپ بازی قدرت های بزرگ بود؟
کشمکش های بین المللی ایران در زمان رضا شاه و حمله انگلستان و روسیه در سال 1941

فشرده ایی از کتاب

در حالی که سیاست خارجی کنونی ایران بطور گسترده ای از هر جانب مورد بحث قرار می گیرد،
بهیچ وجه به اندازه کافی در مورد زمینه های تعیین سیاست خارجی آیران قبل از انقلاب اسلامی
صحبت نشده است. نوشته حاضر سیاست خارجی ایران در زمان رضا شاه را بین سالهای 1921 تا
1941 در عرصه تنش با قدرت های بریتانیای کبیر، اتحاد شوروی و رایش آلمان مورد تحلیل قرار
می دهد. هدف این است که روشن شود آیا این کشور در کشمکش بین قدرت ها قادر بود که یک
سیاست خارجی خود مختار و مستقل داشته باشد و هم چنین تأثیرتحولات سیاست داخلی را بر
سیاست خارجی مورد بررسی قرار می دهد. برای این بررسی از منابع منتشر شده وزارت امورخارجه
آلمان، وزارت خارجه بریتانیا و منابع چاپ شده شوروی و هم چنین نشریات وقت استفاده شده است.
در این نوشته از منظر تاریخ جهانی استدلال می شود و هم چنین بر کاربست فرا ملی اصل تاریخ
همبسته entangled history راندریا و کنراد رشنونگ تکیه دارد. علاوه بر آن تئوری امپراتوری
غیر رسمی گالاگر و روبینسون برای ایران دوره رضا شاه بکار برده می شود. نشان داده می شود که
دولت مدرن و مرکزی که توسط رضا شاه شکل گرفته بود، موفق شده بود که به یک موقعیت نوین بین
جامعه کشورها دست یابد و لحن جدیدی را در سیاست خارجی به کار گیرد. البته حمله انگلیس و
روسیه در سال 1941 ثابت کرد که ریشه های سلطه غیر رسمی بریتانیا و شوروی مجادله پذیر
نبودند.

Inhaltsverzeichnis

I. Einleitung

„Perhaps the most dramatic and controversial untold episode of World War II. Attacked without provocation, Iran suffered her own 'Pearl Harbor'"[1]: So umschreibt Richard Stewart mit leichtem Hang zur Dramatik die Invasion des Iran[2] am 25. August 1941 durch die Großmächte und neuen Bündnispartner Sowjetunion und Großbritannien. Der Einmarsch in den Staat, der nach Ausbruch des Zweiten Weltkrieges seine Neutralität erklärt hatte, stellte ohne Zweifel eine Verletzung der Nichteinmischungs- und Souveränitätsrechte Irans dar und setzte einen vorläufigen Schlusspunkt hinter einen über Jahrzehnte anhaltenden Kampf um Macht und Vorherrschaft in diesem Land. Jener Kampf bestand auf der einen Seite aus Irans Bemühungen um Erhalt und Behauptung seiner Souveränität, auf der anderen Seite aus dem Ringen der genannten Großmächte um Einflusssphären, Öl und die Sicherung strategisch wichtiger Gebiete. In den Machtkampf schaltete sich Berlin ebenfalls ein. In den 1920ern passierte dies zunächst als dritte Macht mit lediglich wirtschaftlichem Interesse, in den 1930ern unter Hitler bei weitgehend wirtschaftlicher Durchdringung und mit verstärktem strategischen Interesse als ernstzunehmende Größe im Mächtegeflecht. Die vormaligen Rivalen aus Moskau und London marschierten jedoch im August 1941 unter dem Vorwand, das Deutsche Reich habe eine fünfte Kolonne im Iran installiert, dort gemeinsam ein und festigten damit ihr neu geschlossenes Bündnis. Wenn der Iran heute, 70 Jahre nach der Invasion, unter gänzlich anderen Vorzeichen und Verhältnissen, als muslimischer „Gottesstaat" der Welt seine (bald möglicherweise auch atomare) Macht demonstrieren will und seine Isolierung durch die derzeit einzige Supermacht USA regelrecht zelebriert, war dies sicherlich nicht, was der nach Modernisierung und Verwestlichung strebende Reza Schah für den Iran im Sinn hatte. Von der internationalen Aufmerksamkeit, die einem Mahmud Ahmadinedschad heute als ernstzunehmenden politischen Faktor von der Welt entgegengebracht wird, konnte er dennoch nur träumen.

---

1 Richard A. Stewart, Sunrise at Abadan, The British and Soviet Invasion of Iran, 1941, New York 1988, S.1.

2 „Persien" wurde 1935 in „Iran" umbenannt. Dieser Unterscheidung wird in der Arbeit soweit wie möglich, Rechnung getragen. Generell sollten die beiden Begriffe hier jedoch als Synonym betrachtet werden, ebenso wie „Großbritannien" bzw. „England" sowie „Russland" bzw. „Sowjetunion". Die Gründe dafür sind nicht allein semantischer Art, sondern basieren vor allem auf dem anglo-amerikanischen und deutschen Sprachgebrauch in der ersten Hälfte des 20. Jahrhunderts. Hinsichtlich der Schreibweise der persischen Namen ist zu erwähnen, dass diese in den herangezogenen Quellen und der Literatur oft unterschiedlich angeführt werden. Deshalb werden sie in dieser Arbeit so niedergeschrieben, wie sie nach Ansicht der Verfasserin in deutscher Sprache lauten würden. Zitate sind hiervon nicht betroffen.

Die Politik Reza Schahs, der 1921 angetreten war, Iran von dem Einfluss der Großmächte zu befreien, soll in dieser Arbeit vor dem Hintergrund des Mächtegeflechts um die Sowjetunion, Großbritannien und das Deutsche Reich analysiert werden. Die zentrale Aufgabe besteht darin zu untersuchen, inwieweit der Iran des Reza Khan, später Reza Schah (1921-1941) im Interessengeflecht dieser ausländischen Mächte zu einer selbst bestimmten und souveränen Außenpolitik in der Lage war. Irans Außenpolitik wird daher in Bezug auf die Großmächte Großbritannien, Sowjetunion, die dritte Macht – in diesem Fall das Deutsche Reich – sowie eingangs die muslimischen Nachbarn analysiert, da diese die wichtigsten Beziehungen darstellten und folglich für die vorliegende Fragestellung von besonderer Relevanz sind. Die Untersuchung der politischen Handlungen, Ziele und Vernetzungen der drei erwähnten Mächte ist dafür ebenso unabdingbar. Diese wird deshalb für den Zeitraum der Ära Reza Schah durchgeführt, jedoch ausschließlich im Hinblick auf den Iran, da eine weiterführende Betrachtung den Umfang dieser Arbeit sprengen würde. Besondere Berücksichtigung wird in diesem Zusammenhang die anglo-sowjetische Invasion 1941 als Kulmination des Machtkampfes um den Iran finden, die nicht nur Reza Schahs Herrschaft beendete, sondern auch Irans Besetzung durch die Alliierten bis 1946 zur Folge hatte.

1.1 Forschungsstand

Ebenso wie die Person Reza Schah in den sechs Jahrzehnten seit seiner Abdankung bei den Menschen die verschiedensten Emotionen hervorgerufen hat, wurde auch seine Politik zum Teil sehr unterschiedlich bewertet. Während der Historiker Elwell-Sutton ihn sah als "the man who almost single-handed changed the course of his country's history, dragged it from its medieval slough, and hurled it into the twentieth century;"[3] behauptet einige Jahrzehnte später der Historiker Majd, dass Iran sich nicht entwickelt habe „despite its history and culture and its vast resources: [...] because of the plunder, brutality, and lawlessness inflicted on the country between 1921 and 1941, from which it never recovered."[4] Doch zwischen diesen beiden Extremen, die vor allem auf Reza Schahs kontroverse Innenpolitik zurückzuführen sind, finden sich auch weniger polemische Untersuchungen über dessen Außenpolitik.

The Foreign Policy of Iran 1500-1941[5] des Politologen Rouhollah K. Ramazani von 1966 stellt immer noch mit die umfassendste Untersuchung zur Außenpolitik Reza Schahs dar, da sie sich nicht auf bilaterale Beziehungen zu einem bestimmten Land fokussiert, sondern das iranische Beziehungsgeflecht in seiner ganzen Kom-

---

3   George Lenczowski (Hg.), Iran under the Pahlavis, Stanford 1978, S.50.
4   Mohammad Gholi Majd, Great Britain and Reza Shah: The Plunder of Iran, 1921-1941, Gainesville u.a. 2001, S.10.
5   Vgl. Rouhollah K. Ramazani, The Foreign Policy of Iran. A Developing Nation in World Affairs, 1500-1941, Charlottesville 1966. Von Ramazani erschien außerdem Iran's Foreign Policy, 1941-1973: A Study of Foreign Policy in Modernizing Nations, Charlottesville 1975.

plexität darstellt. Ramazani sieht in der Außenpolitik des iranischen Monarchen ein vorher nicht gekanntes Maß an Realismus gegenüber den Großmächten und den muslimischen Nachbarn, in der das Ziel eines unabhängigen Staates, jedoch auch die vorhandenen iranischen Möglichkeiten, stets im Blick behalten wurden. Reza Schahs Verhalten in der Krise um die anglo-sowjetische Invasion 1941, namentlich die Mobilisierung der iranischen Armee gegenüber den mächtigen Gegnern, wertet er hingegen als vermessen, unrealistisch und dementsprechend enttäuschend.

Die Untersuchung *Iran unter der Herrschaft Reza Schahs*[6] des Historikers Mahrad versteht sich selbst als linke Imperialismuskritik und verfährt in diesem Sinne kaum objektiv. Seine Studie endet Mitte der 1930er, was vor dem Hintergrund des Zweiten Weltkrieges und der Invasion des Iran 1941 als eine sehr willkürliche Zäsur erscheint. Zudem nennt er Reza Schahs zu starke Anlehnung an das nationalsozialistische Regime als Grund für die Invasion der Großmächte. Eine Erklärung, die viel zu stark vereinfacht und die komplexen politischen Verflechtungen jener Zeit einfach ausblendet.

Auch der Politologe Azghandi argumentiert in seiner Untersuchung *Die anglo-sowjetische Invasion im Iran 25. August 1941* in eine ähnliche Richtung.[7] Zwar räumt er der Verbindungsroute für die Westalliierten in die UdSSR, der Sicherstellung der britischen Ölfelder und der Schließung des Weges nach Indien eine gewisse Bedeutung bei. Er wertet jedoch die Beendigung des wirtschaftlichen und politischen Einflusses des Deutschen Reiches im Iran infolge der Hinwendung Irans an das Hitlerregime – die er zurückführt auf die Verwandtschaft der totalitären Regierungssysteme, Herrschaftsmethoden und Ideologien – als Hauptgrund für die anglo-sowjetische Invasion. Schließlich hätten sowohl Großbritannien als auch die Sowjetunion am Vorabend des Zweiten Weltkrieges ihren politischen und wirtschaftlichen Einfluss im Iran eingebüßt. Azghandi lässt jedoch außer Acht, dass die Hinwendung zum Dritten Reich teilweise erst bedingt war durch die Zurückhaltung der beiden Großmächte und etwaige pro-deutsche Neigungen des Schahs sich in der Realpolitik kaum wieder fanden.

Die Untersuchung des Historikers Yair P. Hirschfeld zum Thema *Deutschland und Iran im Spielfeld der Mächte* stellt einen sehr ausführlichen und wichtigen Beitrag vor allem der deutsch-iranischen Beziehungen dar und setzt sich ebenfalls intensiv mit den internationalen Beziehungen unter Reza Schah auseinander.[8] Hirschfeld negiert die These einer starken Neigung Reza Schahs zum Deutschen Reich und vor allem Nazi-Deutschland, da nach seinem Urteil sowohl Berlin als auch Teheran ihre gegenseitigen Beziehungen lediglich als Werkzeug in ihren Beziehungen zu Großbritannien und der Sowjetunion sahen. Die Iraner waren nach Hirschfeld viel mehr geneigt, das Deutsche Reich in ihrem Kampf mit den Großmächten auszu-

---

6   Vgl. Ahmad Mahrad, Iran unter der Herrschaft Reza Schahs, Frankfurt u.a. 1977.
7   Vgl. Alireza Azghandi, Die anglo-sowjetische Okkupation im Iran 25. August 1941, Bonn 1978, S.266.
8   Vgl. Yair P. Hirschfeld, Deutschland und Iran im Spielfeld der Mächte. Internationale Beziehungen unter Reza Schah 1921-1941, Düsseldorf 1980.

spielen als es einfach als Handelspartner, technischen Berater und Motor für die eigene Industrie anzusehen. Die Invasion 1941 stand danach in keiner Weise mit Reza Schahs Politik oder der Gefahr der Tätigkeit einer deutschen fünften Kolonne in Iran im Zusammenhang.

Der Iranist Klaus Jaschinsky sieht den Iran in der Periode Reza Schahs nicht mehr als Schacherobjekt wie es noch zur Zeit des Ersten Weltkrieges war, doch „die auf der ‚Woge von Öl' erfolgte neue Transformation in eine strategische Achillesferse im britisch-sowjetischen Verhältnis beließ das Land [...] in einem Spannungsverhältnis, das weder vor internationalen Turbulenzen gefeit noch mitnichten deutscher Einflussnahme entzogen war."[9] Auch er sieht den Grund für die Invasion nicht in der Politik der iranischen Regierung oder pro-deutscher Neigungen, sondern vielmehr in dem deutschen Angriff auf die Sowjetunion, mit dem schlagartig jene Konstellation im deutsch-britisch-russischen (sowjetischen) Beziehungsgeflecht zustande kam, welche dem Iran schon in Verbindung mit dem Ersten Weltkrieg Unheil beschert hatte und mit dem auch diesmal die Würfel für das Land gefallen waren.[10]

Der Politikwissenschaftler und Publizist Matthias Küntzel beleuchtet in seinem Werk *Die Deutschen und der Iran* die wechselvolle Geschichte der deutsch-iranischen Beziehungen seit dem Ersten Weltkrieg über das Dritte Reich bis hin zur Gegenwart. Er betont zwar, dass Reza Schah aus seiner Bewunderung für Adolf Hitler nie einen Hehl gemacht habe – dessen Antisemitismus habe er aber nicht geteilt. Er stellt den anglo-sowjetischen Einmarsch in den Iran ohnehin in einen viel größeren Kontext: Für Küntzel hat der Tag der anglo-sowjetischen Invasion die deutsch-iranischen Beziehungen am nachhaltigsten geprägt. Im Hinblick auf den Zweiten Weltkrieg habe sich der Einmarsch sogar als kriegsentscheidend erwiesen: Schließlich sei der „persische Korridor" zum größten Nachschubweg für die Sowjetunion ausgebaut worden, ohne den Hitler mit großer Wahrscheinlichkeit auch Stalingrad erobert hätte.[11]

Vor allem ältere iranische Veröffentlichungen über die Ära Reza Schahs sind teilweise unwissenschaftlich und widersprüchlich: Seitenweise wird ohne Quellenangaben aus anderen Büchern abgeschrieben und infolge permanenten Wiederholens der übernommenen Aussagen schleichen sich Fehler in die Beurteilung historischer Ereignisse ein. Dazu müssen die Arbeiten von Sepehr[12] und Nakhdjawan[13] gezählt

---

9   Klaus Jaschinsky, Das deutsch-iranische Verhältnis im Lichte der alliierten Invasion in Iran 1941, in: Wolfgang G. Schwanitz (Hg.), Deutschland und der Mittlere Osten, Leipzig 2004, S.155.

10 Vgl. ebd., S.168.

11 Vgl. Matthias Küntzel, Die Deutschen und der Iran. Geschichte und Gegwart einer verhängnisvollen Freundschaft, Berlin 2009, S.18-20, S.58

12 Vgl. A.A. Sepehr, Iran dar djange djajani-e do (Der Iran im Zweiten Weltkrieg), Teheran 1977.

werden. Peysan und Motaseds Untersuchung über das Leben Reza Schahs[14] ist zwar neueren Datums, hält jedoch ebenfalls wissenschaftlichen Standards kaum stand. Shokats 2007 erschienene Untersuchung über den zwischen 1921 und 1951 in verschiedenen Ministerposten tätigen Ghavam al-Saltaneh gibt zwar interessante Einblicke in die iranische Politik auch der Ära Reza Schahs, fokussiert sich aber vor allem auf die Person und den Politiker Ghavam.[15] Neuere iranische Veröffentlichungen konnten die Verfasserin für die vorliegende Arbeit leider nur in sehr begrenztem Rahmen zu Rate ziehen, da keine iranischen Datenbanken existieren, die es ermöglicht hätten, aus dem Ausland Literatur-Recherche zu betreiben.

Während die Forschung nach der erfolgreichen Islamischen Revolution 1979 zeitweise das wissenschaftliche Interesse an den weltlichen Aspekten der modernen iranischen Geschichte verloren zu haben schien, wird der Periode Reza Schahs nun wieder mehr Beachtung geschenkt. Die Historikerin Stephanie Cronin diagnostiziert „a maturing of the discipline of Iranian studies, a result of the work in exile of a generation of Iranian-born historians. Largely critical of the monarchy, but also distanced from the current regime, the work of these historians has facilitated the emergence of a more nuanced and sophisticated view."[16] Die neuere Forschung über den Zeitraum zwischen 1921 und 1941 setzt sich vor allem mit speziellen Aspekten dieser Zeit auseinander. Das Augenmerk liegt dabei zum einen auf dem Aufstieg Reza Pahlavis[17], auf bestimmten bilateralen Beziehungen des Iran[18] oder der anglo-sowjetischen Invasion 1941[19]. Die vorliegende Arbeit setzt

---

13 Vgl. M. Nakhdjawan, Tarikhe djange djahanie dovom (Die Geschichte des Zweiten Weltkrieges), Teheran 1960.

14 Vgl. Ajafgholi Pesyan und Khosro Motased, Reza Shah az Sawadkuh ta Jouhannesburg. Zendegi-e Reza Shah. (Reza chah von Sawadkuh bis Johannesburg. Das Leben des Reza Schah), Teheran 1998.

15 Vgl. Hamid Shokat, Dar tirasse hadese. Zendegi-e siasi-e Ghavam (In Reichweite der Ereignisse. Das politische Leben des Ghavam), Teheran 2007.

16 Stephanie Cronin (Hg.), The Making of Modern Iran. State and Society under Riza Shah, 1921-1941, London u.a. 2003, S.2-3. Cronin hat in diesem ausgezeichneten Sammelband einige Historiker dieser neuen Generation zusammengebracht.

17 Wie beispielsweise Cyrus Ghani, Iran and the Rise of Reza Shah. From Qajar Collapse to Pahlavi Rule, London u.a. 1998; Stephanie Cronin, The Army and the Creation of the Pahlavi State in Iran, 1910-1926, London u.a. 1997; Homa Katouzian, State and Society in Iran: The Eclipse of the Qajars and the Emergence of the Pahlavis, London u.a. 2000 oder auch Nikki R. Keddie, Qajar Iran and the Rise of Reza Khan, 1796-1925, London u.a. 1999.

18 Siehe dazu Vanessa Martin (Hg.), Anglo-Iranian Relations since 1800, London u.a. 2005; Wolfram Schneider, Die britische Iranpolitik im Zweiten Weltkrieg und der Ausbruch des Kalten Krieges, Teil 1, Hamburg 1996 oder auch Wolfgang G. Schwanitz, Paschas, Politiker und Paradigmen: Deutsche Politik im Nahen und Mittleren Orient 1871-1945, in: ders., Deutschland und der Mittlere Osten, S.22-45.

19 Vgl. Stewart, Sunrise at Abadan; F. Eshraghi, Anglo-Soviet Occupation of Iran in August 1941, in: Middle Eastern Studies 20, 1 (Jan.1984), S.27-52 oder auch ders., The Immediate Aftermath of Anglo-Soviet Occupation of Iran in August 1941, Middle Eastern Studies 20, 3 (Jul. 1984), S.324-351.

sich zum Ziel, eine Lücke zu schließen und die genannten Aspekte zu verbinden. Leider sind wenige iranische Dokumente aus dieser Zeit erhalten, da die strenge Zensur der Pahlavi-Ära dazu führte, dass Ereignisse nicht frei oder akkurat aufgezeichnet wurden. Des Weiteren wurden in der Regierungszeit des Sohnes Reza Schahs, Mohammad Reza Pahlavi (1941-1979), viele kompromittierende Dokumente beseitigt.[20] Es werden als Quellen vor allem die veröffentlichten Akten des deutschen Auswärtigen Amtes,[21] des britischen Foreign Office[22], gedruckte sowjetische Quellen,[23] die Korrespondenz zwischen Churchill und Stalin[24] sowie Quellensammlungen über den untersuchten Zeitraum[25] genutzt.

1.2 Methodik

In der folgenden Analyse liegt der Fokus auf einer „neuen" Politikgeschichte, zugleich wird aus einer globalgeschichtlichen Perspektive argumentiert. Hier wird besonders den Ansätzen der *entangled history* Rechnung getragen und eine inhaltliche Auseinandersetzung mit der Theorie des *informal empire* stattfinden. Die Auswahl der Konzepte ergibt sich aus der vorliegenden Fragestellung. Reza Schahs Politik kann als politische Geschichte nur in Verbindung mit der ihn umgebenden, vor einem Umbruch stehenden Gesellschaft und Zeit analysiert werden. Gleichzeitig muss bei der Analyse eines Zeitraumes, in der drei Großmächte um Vorherrschaft im Iran kämpfen ein globalgeschichtlicher, transnationaler Ansatz verfolgt werden, um den Interferenzen und Interdependenzen der Akteure sowie den synchron stattfindenden Prozessen und Verflechtungen Rechnung zu tragen. Zudem wird

20   Siehe dazu auch Majd, Great Britain and Reza Shah, S.4.
21   Akten zur Deutschen Auswärtigen Politik, 1918 – 1945, aus dem Archiv des Auswärtigen Amts, Ser. D, 1937 - 1945, Bd. 12.2, Die Kriegsjahre, Bd.5, Halbbd.2, Göttingen 1969; Akten zur Deutschen Auswärtigen Politik, 1918 – 1945, aus dem Archiv des Auswärtigen Amts, Ser. D, 1937 - 1945, Bd. 13.1, Die Kriegsjahre, Bd.6, Halbbd.1, Göttingen 1970.
22   E.L. Woodward/Rohan Butler (Hg.), Documents on British Foreign Policy 1919-1939, First Series, Volume IV, 1919, London 1952; W.N. Medlicott/Douglas Dakin/M.E. Lambert (Hg.), Documents on British Foreign Policy 1919-1939, Series IA, Volume II, 1926-27, London 1968; W.N. Medlicott/Douglas Dakin (Hg.), Documents on British Foreign Policy 1919-1939, Series IA, Volume VII, 1929-30, London 1975.
23   Jane Degras (Hg.), Soviet Documents on Foreign Policy, Bd.2, London 1952; Basil Dmytryshyn/Cox Frederick, The Soviet Union and the Middle East. A Documentary Record of Afghanistan, Iran and Turkey 1917-1985, Princeton 1987.
24   Winston S. Churchill, The Second World War. The Grand Alliance, Kingsport 1950 und Manfred Rexin (Hg.), Die unheilige Allianz. Stalins Briefwechsel mit Churchill 1941-1945, Hamburg 1964.
25   Jacob C. Hurewitz, The Middle East and North Africa in World Politics. A Documentary Record. Bd.1, European Expansion, 1535-1914, New Haven u.a. 1975 und Jacob C. Hurewitz, The Middle East and North Africa in World Politics: A Documentary Record, Bd.2, British-French Supremacy, 1914-1945, New Haven u.a. 1979.

anhand des Konzeptes des *informal empire* das tatsächliche Mächteverhältnis in Metropole und Peripherie analysiert werden.

Der Status der Politikgeschichte als „eigentliche" Geschichte begann seit den 1970ern in Deutschland zu bröckeln.[26] Nicht mehr Politik, und hier vor allem Außenpolitik, sondern „Gesellschaft" wurde zum zentralen „historischen Zusammenhang" (Kocka) erklärt, „Politik" zunehmend in „Gesellschaft" aufgelöst und damit marginalisiert.[27] In stärkeren Maße passierte dies zudem in Frankreich unter dem Einfluss der Schule der *Annales*, die langfristige ökonomische, soziale, demographische Entwicklungen in den Mittelpunkt stellte,[28] und der *new social history* seit den 1960ern und 1970ern in Großbritannien und vor allem den USA, welche die Wende zur „Gesellschaft" weg von klassischen Perspektiven und Interpretationsansätzen der politischen Geschichtsschreibung besonders radikal vollzog.[29] Eine Renaissance erfuhr sie dort seit den 1980ern unter dem Motto „bringing the state back in".[30] In Deutschland führte der Einfluss der Politischen Soziologie und der seit den 1980ern präsenten Alltagsgeschichte dazu,[31] dass die moderne Politikgeschichte, als historische Analyse von Verlauf und Inhalt von Politik, der Verschränkung von Politik und Gesellschaft Rechnung trägt. Die Politik findet in der Gesellschaft

---

26 Trotz Hillgrubers selbstbewusster These, der „Verlauf der allgemeinen Geschichte" werde „wesentlich" durch die „Gegensätze zwischen den Groß- und Weltmächten" bestimmt – und nicht etwa, wie eine „herrschsüchtige" Wirtschafts- und Sozialgeschichte glauben machen wollte, durch sozioökonomische Konstellationen und Konfliktlagen. Andreas Hillgruber, Politische Geschichte in moderner Sicht, in: Historische Zeitschrift 216 (1973), S.532-533.

27 Vgl. Ute Frevert, Neue Politikgeschichte: Konzepte und Herausforderungen, in: Ute Frevert und Heinz-Gerhard Haupt (Hg.), Neue Politikgeschichte. Perspektiven einer historischen Politikforschung, Frankfurt/New York 2005, S.10.

28 Vgl. Jacques Juillard, Political History in the 1980s, in: Theodore K. Rabb und Robert I. Rothberg (Hg.), The New History. The 1980s and Beyond, Princeton 1981, S.30-47; James F. McMillan, Social History, "New Cultural History", and the Rediscovery of Politics. Some Recent Works in Modern France, in: Journal of Modern History 66 (1994), S.755-772.

29 Mark H. Leff, Revisioning U.S. Political History, in: American Historical Review 100 (1995), S.829-853; Detlev Mares, Zum Verhältnis von Sozialgeschichte und Politikgeschichte in Großbritannien, in: Neue Politische Literatur 44 (1999), S.81-86; Susan Pedersen, What is Political History Now?, in: David Cannadine (Hg.), What is History Now?, New York 2002, S.36-56.

30 Vgl. Peter Evans/Dietrich Rueschemeyer u.a. (Hg.), Bringing the State Back in, Cambridge 1985; Theda Skocpol, Protecting Soldiers and Mothers: The Political Origins of Social Policy in the United States, Cambridge 1992.

31 Alf Lüdtke, Rekonstruktion von Alltagswirklichkeit – Entpolitisierung der Sozialgeschichte?, in: Robert M. Berdahl u.a., Klassen und Kultur, Frankfurt 1982, S.321-353; Thomas Lindenberger, Straßenpolitik. Zur Sozialgeschichte der öffentlichen Ordnung in Berlin 1900-1914, Bonn 1995; Geoff Eley, Wie denken wir über Politik? Alltagsgeschichte und die Kategorie des Politischen, in: Berliner Geschichtswerkstatt (Hg.), Alltagsgeschichte, Subjektivität und Geschichte, Münster 1994, S.17-36.

nicht mehr ihr Gegenüber oder ihren Hintergrund, sondern ist Teil der Gesellschaft geworden, zumal sich in modernen Industriegesellschaften die Grenzen zwischen Staat, Wirtschaft, Politik und Kultur verschwimmen. Die staatszentrierte Sicht ist damit der Analyse des politischen Systems gewichen, einem Gefüge von Institutionen, Organisationen und Bewegungen neben und unter dem Staat. Zudem fragt die Analyse der politischen Willensbildung nach der „politischen Kultur" (Rohe), d.h. den kulturellen Vorstellungen, die Wahrnehmung und Gestaltung des Politischen längerfristig prägen.[32]

Der in Cambridge lehrende Historiker Christopher Bayly hält es inzwischen geradezu für üblich, aus globalgeschichtlicher Perspektive zu argumentieren, „da alle Historiker heutzutage Welthistoriker" seien, selbst wenn vielen von ihnen das noch nicht bewusst sei.[33] Mag diese Sich auch vielleicht zu optimistisch sein, so kann man Bayly doch dabei folgen, Welt- und Globalgeschichte als Oberbegriff für Ansätze zu verstehen, die sich für eine Verflechtung von Zivilisationen und eine relationale Geschichte der Moderne interessieren, nicht euro-zentrisch argumentieren und nationalgeschichtliche Perspektiven überwinden wollen.[34] Will man zwischen den beiden Begriffen differenzieren, dann wäre Weltgeschichte die Geschichte der verschiedenen Zivilisationen auf der Welt unter besonderer Berücksichtigung des Vergleiches zwischen ihnen. Globalgeschichte hingegen befasst sich primär mit der Geschichte der Kontakte und Interaktionen zwischen diesen Zivilisationen. In Abgrenzung gegenüber der Weltgeschichte wird hier auf eine ‚Totalgeschichte' des Globus verzichtet, vielmehr steht die Analyse internationaler und interkultureller Beziehungen in begrenzten Epochen und unter bestimmten Hinsichten im Vordergrund[35]. Für den globalgeschichtlichen Ansatz ist zudem das Hervorheben der Synchronizität historischer Gegenstände charakteristisch. In Abgrenzung von langen zivilisationsgeschichtlichen Perspektiven wird der Gleichzeitigkeit eine größere Rolle eingeräumt, welche die Dynamik vieler moderner Phänomene besser veranschauliche.[36] Osterhammel beschreibt Globalgeschichte prägnant wenn er sagt: „Globalgeschichte ist weder ein eigenständiges Forschungsgebiet mit charakteristischen Methoden oder einem inhaltlichen Dogma." Vielmehr sei es als eine Art des „diagonalen" Fragens quer zu den Nationalgeschichten zu verstehen und als Versuch,

32 Vgl. Siegfrid Weichlein, Politische Geschichte, in: Stefan Jordan (Hg.), Lexikon Geschichtswissenschaft, Hundert Grundbegriffe, Stuttgart 2002, 241.

33 Vgl. Christopher A. Bayly, The Birth of the Modern World, 1780-1914, Oxford 2004, S.469.

34 Vgl. Sebastian Conrad und Andreas Eckert, Globalgeschichte, Globalisierung, multiple Modernen: Zur Geschichtsschreibung der modernen Welt, in: Sebastian Conrad, Andreas Eckert u.a. (Hg.), Globalgeschichte. Theorien, Ansätze, Themen, Frankfurt u.a. 2007, S.7.

35 Vgl. Jürgen Osterhammel/Niels P. Petersson, Geschichte der Globalisierung. Dimensionen, Prozesse, Epochen, München 2003, S.9-10 und Jürgen Osterhammel, Weltgeschichte, in: Jordan, Lexikon Geschichtswissenschaft, S.324.

36 Conrad/Eckert, Globalgeschichte, Globalisierung, multiple Modernen, S.26-27.

Beziehungen zwischen den Völkern, Ländern und Zivilisationen nicht allein machtpolitisch und wirtschaftlich zu betrachten.[37] Es konkurrieren derzeit unterschiedliche Entwürfe unter den Begriffen *Weltgeschichte*, *Weltsystem*, *global history*, *Geschichte der Globalisierung*,[38] die alle im Zeichen einer Internationalisierung der Geschichtswissenschaft und der Ausweitung ihres Gegenstandes über die Grenzen des Nationalstaats hinweg stehen. Auch eine europäische Geschichtsschreibung sucht sich in diesem Gemenge zu etablieren. Kritischen Welt- und Globalhistorikern, die der Europa-Historiographie „europazentrische" Sichtweisen und Konzepte unterstellt, wird entgegnet, durch eine integrative Herangehensweise lasse sich europäische und welt- bzw. globalgeschichtliche Forschung verbinden.[39] Einige der Entwürfe knüpfen an etablierte Teilgebiete der Geschichtswissenschaft, wie die internationale Beziehungen und den Internationalismus, an[40] sowie an die Geschichte des Imperialismus und Kolonialismus, die seit der Jahrtausendwende in den Empire-Debatten ihre Fortsetzung findet.[41]

Eine genaue Definition von Empire und Imperialismus bleibt auch vor dem Hintergrund der von Robinson und Gallagher 1953 angestoßenen Debatte um ein *informal empire* viel diskutiert. Robinson und Gallagher argumentierten am Beispiel Großbritanniens, dass Imperialismus sich nicht nur in militärisch-politischer Annexion, sondern auch in ‚informeller Herrschaft' durch wirtschaftlichen Einfluss hätte äußern können. Beide Aspekte sind danach lediglich zwei Aspekte der vielgestaltigen Expansion der britischen Industriegesellschaft; sie erscheinen als variable Funktionen des sich ausweitenden Handels, von Investitionen, Migration und Kul-

---

37 Vgl. Jürgen Osterhammel/Niels P. Petersson, Geschichte der Globalisierung, Dimensionen, Prozesse, Epochen, München 2003, S.19.

38 Einen Überblick unterschiedlicher Ansätze vermitteln Philip Romper, Richard H. Elphick u.a. (Hg.), World History. Ideologies, Structures and Identities, Oxford 1988; Bruce Mazlish, Ralph Buultjens (Hg.), Conceptualizing Global History, Boulder 1993; Patrick Manning, Navigating World History. Historians Create a Global Past, New York 2003.

39 Vgl. Dagmar Hilpert, Die Welt ist nicht genug! Zur Bedeutung von europäischer Geschichtsschreibung im „Zeitalter der Globalisierung", S.162-163 in: Jahrbuch für Europäische Geschichte 8 (2007), S. 161-180.

40 Vgl. etwa Ursula Lemkuhl, Diplomatiegeschichte als internationale Kulturgeschichte. Theoretische Ansätze und empirische Forschung zwischen Historischer Kulturwissenschaft und Soziologischem Institutionalismus, in: Geschichte und Gesellschaft 27 (2001), S.394-423; Wilfried Loth und Jürgen Osterhammel (Hg.), Internationale Geschichte. Themen, Ergebnisse, Aussichten, München 2000; Martin H. Geyer und Johannes Paulmann (Hg.), The Mechanics of Internationalism. Culture, Society, and Politics from the 1840s to the First World, Oxford 2001.

41 Dazu zählen Niall Ferguson, Empire. How Britain Made the Modern World, London 2003; Jan Nederveen Pieterse, Globalization or Empire?, New York 2004; Herfried Münkler, Imperien. Die Logik der Weltherrschaft vom alten Rom bis zu den Vereinigten Staaten, Berlin 2004; Charles S. Maier, American Ascendancy and its predecessors, Cambridge 2006, Bernard Porter, Empire and Superempire. Britain, America and the World, Oxford 2006.

tur.[42] Daraus folgern Robinson und Gallagher, dass *formal* und *informal empire* miteinander verbunden sind und die Definition von *informal empire* als einem separaten und nicht-politischen Teil der Expansion überholt sei, denn „the difference between *formal* and *informal empire* has not been one of fundamental nature but of degree. The ease with which a region has slipped from one status to the other helps to confirm this."[43] Der Ansatz betont zudem am Beispiel der Verteidigung Indiens, dass strategische Überlegungen als Hauptmotiv imperialer Aktivitäten Großbritanniens im 19. und 20. Jahrhundert gegolten hätten.[44] Britische Interventionen waren demnach kein Resultat veränderter Interessen und Prioritäten in London, sondern Reaktionen auf Vorgänge in der Peripherie, welche britische Globalinteressen bedrohten. Diese Interventionen fanden demnach innerhalb der lokalen politischen Systeme statt, zusammen mit lokalen Kollaborateuren und Vermittlern. So wird dafür plädiert, nicht allein in der Metropole, sondern auch in der Peripherie Gründe für die Natur des Empire, namentlich informeller oder formeller Herrschaft, zu suchen. Die tatsächliche imperiale Aktivität bestand nach Robinson und Gallagher aus drei Komponenten: der ‚europäischen' politischen Strategie, ihren wirtschaftlichen Interessen und der Kollaboration bzw. dem Widerstand der indigenen Bevölkerung.[45] Als Prinzip „extending control informally if possible and formally if necessary" zusammengefasst,[46] unterstreichen sie damit die Kontinuität des britischen Imperialismus und widerlegen das Konzept des „new imperialism", das einen Unterschied machte zwischen dem Imperialismus des mittleren und späten viktorianischen Zeitalters.[47] Je erfolgreicher die britische Regierung in ihrer Zusammenarbeit mit den lokalen Gruppen waren, desto weniger direkt war ihre Herrschaft. Imperialismus wird demnach 'largely decided by the various and changing relationships between the political and economic elements of expansion in any particular time and place.' Hier schließt sich an, dass in jeder Periode europäischer Expansion der Wechsel von informeller zu formeller Herrschaft und *vice versa* in den betroffenen Ländern stattfand. Roger Luis fasst Robinson/Gallaghers Thesen über den (hier) britischen Imperialismus zusammen als „continuity of expansion, but flexibility in forms of political intervention and control depending on local

---

42 Vgl. John Gallagher und Ronald Robinson, The Imperialism of Free Trade, in: The Economic History Review, Second Series, 6, 1 (1953), S.1-15.

43 Ebd., S.6

44 Siehe dazu auch James Onley, Britain's Informal Empire in the Gulf 1820-1971, in: Journal of Social Affairs 22, 87 (Herbst 2005), S.29-45.

45 Dazu schreibt Robinson: „Without the voluntary or enforced cooperation of their governing elites, economic resources could not be transferred, strategic interests protected or xenophobic reaction and traditional resistance to change contained. Nor without indigenous collaboration, when the time came for it, could Europeans have conquered and ruled their non-European empires." Ronald Robinson, Non-European Foundations of European Imperialism. Sketch for a Theory of Collaboration, in: Roger Owen und Bob Sutcliff (Hg.), Studies in the Theory of Imperialism, London 1972, S.120.

46 Gallagher/Robinson, The Imperialism of Free Trade, S.13.

47 Vgl. ebd., S.11-14.

circumstances."[48] Einige Historiker sehen heute keinen höheren Sinn in Unterscheidungen zwischen *de jure* und *de facto* Oberherrschaft, da doch das Ergebnis das Gleiche war.[49] Cain und Hopkins schreiben, „the degree of control exercised by the centre, […] is not necessarily measured by an index of constitutional standing"[50] Philip Curtin weist zudem berechtigt darauf hin, dass eine große Diskrepanz bestehen konnte zwischen Machtanspruch und tatsächlicher Macht; gleichzeitig jedoch passierte es auch, dass Europäer ihre Macht eher unter- und nicht übertrieben.[51] Wenn auch die passende Kennzeichnung der regionalen Machtverhältnisse nicht immer eindeutig erscheint und Onley treffend bemerkt, dass „one historian's sphere of influence is another's informal empire",[52] so hat doch die Idee, dass *empire* sowohl *formal* als auch *informal* sein könne und ihre Essenz in beiden Fällen Kontrolle sei, viele Anhänger gefunden. Historiker, die sich mit dem Nahen und Mittleren Osten beschäftigen, bewegen sich zwar meist außerhalb der größeren Debatten über den britischen Imperialismus und Peter Sluglett sieht den Grund dafür, dass „Middle East historians […] see themselves primarily as such rather than as historians of part of the British Empire."[53] Dennoch oder gerade deswegen stellt das Konzept für diese Arbeit eine interessante und hilfreiche Perspektive dar und die Ergebnisse werden mit dem genannten Konzept verbunden werden.

Thematik und Untersuchungsgegenstand dieser Arbeit setzen zudem einen transnationalen analytischen Zugriff[54] voraus. Hinter dem Begriff „transnational" steht ein vom historischen Vergleich beeinflusster pragmatischer Ansatz, der auf Beziehungen und Konstellationen zielt, die über nationale Grenzen hinausgehen. Dieser Ansatz schließt auch die Geschichte der Außenpolitik und der internationalen Beziehungen mit ein. Dadurch erscheint die Frontstellung zwischen Innen- und Außenpolitik, welche frühere Kontroversen strukturierte, nun obsolet. Die Beziehungen können bilateral oder multilateral, gleichgewichtig oder asymmetrisch gedacht werden.[55] Das transnationale Konzept initiierte eine Debatte ab Mitte der

---

48 Wm. Roger Luis (Hg.), Imperialism: The Robinson and Gallagher Controversy, New York 1976, S.54.

49 Für einen Überblick über die Debatte siehe Michael W. Doyle, Empires, Ithaca 1986, S.30-46.

50 Vgl. P.J. Cains und A.G. Hopkins, British Imperialism, 1: Innovation and Expansion, 1688-1914, London 1993, S.6-7.

51 Vgl. Philip D. Curtin, The World and the West: The European Challenge and the Overseas Response in the Age of Empire, Cambridge 2000, S.15-16.

52 Onley, Britain's Informal Empire in the Gulf 1820-1971, S.35.

53 Peter Sluglett, Formal and Informal Empire in the Middle East, in: The Oxford History of the British Empire, 5, in: Robin W. Winks (Hg.), Historiography, Oxford 1999, S.422.

54 Vgl. dazu Jürgen Osterhammel, „Transnationale Gesellschaftsgeschichte. Erweiterung oder Alternative?", in: Geschichte und Gesellschaft 27 (2001), S.367-393; Kiran Klaus Patel, Nach der Nationalfixiertheit, Perspektiven einer transnationalen Geschichte, Berlin 2004; Gunilla Budde, Sebastian Conrad u.a. (Hg.), Transnationale Geschichte. Themen, Tendenzen und Theorien, Göttingen 2006.

55 Vgl. Sebastian Conrad und Jürgen Osterhammel (Hg.), Das Kaiserreich transnational. Deutschland in der Welt 1871 – 1914, Göttingen 2004, S.14.

1990er, die zur Idee des Transfers führte.[56] Der französische Kulturhistoriker und directeur de recherche am CNRS Michel Espagne versteht Transfer als Wandlungen, die bei der Übertragung von Konzepten, Normen, Bildern und Repräsentationen von einer Kultur in die andere stattfinden. Jede Nation konstituiere sich nicht nur aus eigenen Traditionen, sondern immer auch (und zu einem wesentlichen Teil) durch solche Transfers aus anderen Nationen, und die Geschichte einer Nation könne nicht verstanden werden, wenn man sie nur auf die Nationalgeschichte begrenzt schriebe.[57] Jürgen Osterhammel, der in ähnlicher Richtung argumentiert, interessiert sich hier besonders für Transfers zwischen Europa und Asien oder anderen außereuropäischen Gesellschaften. Er sieht Transfers nicht nur als kulturelle, sondern auch politische, soziale und wirtschaftliche Entwicklungen.[58] Es geht ihm zudem darum, durch das Herausstellen der spezifischen Handlungsfähigkeit (*agency*) der Kolonisierten und der Begrenztheit europäisch-imperialer Einflussnahmen, „außereuropäische Geschichte" als eurozentrische Restkategorie zu entsorgen und sie in die „normale" Geschichtswissenschaft zu integrieren.[59]

Die geschilderten Konzepte einer neuen Politikgeschichte aus globalgeschichtlicher Perspektive sowie die Theorie des *informal empire* stellen für die vorliegende Analyse der Außenpolitik des Iran zwischen 1921 und 1941 aufgrund des komplexen Mächteverhältnisses im Geflecht von Großbritannien, der Sowjetunion sowie dem Deutschen Reich hilfreiche Ansätze dar.

Hinzu kommt das Konzept der *entangled history*, entwickelt von Shalini Randeria und Sebastian Conrad, das in eine ähnliche Richtung wie Osterhammel steuert, jedoch noch darüber hinaus geht. Die Betonung der Gemeinsamkeiten und der Austauschbeziehungen der Welt impliziert dabei, die moderne Geschichte als ein Ensemble von Verflechtungen aufzufassen, als *entangled histories*. Das Konzept sieht direkte und indirekte Transfers und Verflechtungen zwischen allen Gesellschaften der Welt und zielt auf die Überwindung des Tunnelblicks, der die Geschichte einer

---

56 Zu vergleichender und Beziehungsgeschichte vgl. Heinz-Gerhard Haupt, Jürgen Kocka (Hg.), Geschichte und Vergleich, Ansätze und Ergebnisse international vergleichender Geschichtsschreibung, Frankfurt am Main 1996; Hartmut Kaelble, Der historische Vergleich. Eine Einführung zum 19. und 20. Jahrhundert, Frankfurt am Main 1999; Johannes Paulmann, „Internationaler Vergleich und interkultureller Transfer. Zwei Forschungsansätze zur europäischen Geschichte des 18. bis 20. Jahrhunderts", in: Historische Zeitschrift 267 (1998), S.649-685; Matthias Middel, „Kulturtransfer und Historische Komparatistik – Thesen zu ihrem Verhältnis", in: Comparativ 10 (2000), S.7-41.

57 Vgl. Michel Espagne, Au delà du comparatisme, in: ders., Les transferts culturels franco-allemands, Paris 1999, S.35-49.

58 Vgl. Jürgen Osterhammel, Geschichtswissenschaft jenseits des Nationalstaats. Studien zu Beziehungsgeschichte und Zivilisationsvergleich, Göttingen 2001.

59 Vgl. ebd., S.8.

Nation oder Europas im Kern aus sich heraus erklärt.[60] Die zahlreichen Interferenzen und Interdependenzen bilden so den Ausgangspunkt eines transnationalen Geschichtsbildes. Der Fokus wird bei dieser relationalen Perspektive auf die konstitutive Rolle gelegt, welche die Interaktion zwischen Europa und der außereuropäischen Welt für die Spezifität der Moderne in den jeweiligen Gesellschaften gespielt hat, „ohne das nationalgeschichtliche Paradigma gleich durch eine abstrakte Totalität der ‚Welt' zu ersetzen."[61] Wenn das Augenmerk quantitativ in besonderem Maße auf die globalen Interaktion liegen soll, so sagt dies zudem vorerst nichts Qualitatives über deren Modalitäten aus, die von erzwungener Übernahme, freiwilliger Assimilation, gewaltsamer Zerstörung bis zu wechselseitiger Umstrukturierung reichen können. Da der Grad an Verwobenheit je nach Thema und Kontext variiert, wird eine Verflechtungsgeschichte daher auch eher fragmentarisch sein und von konkreten Problemen und Verbindungen ausgehen statt welthistorische Totalitäten vorauszusetzen. Conrad und Randeria betonen, dass die vielfältigen Interaktionen nicht nur eine geteilte/gemeinsame Geschichte (*shared history*)[62] produzieren, sondern zugleich Brüche: Die Zunahme an Austausch und Interaktion entfalte nicht nur homogenisierende Wirkung, sondern auch die Entstehung von Grenzlinien und Partikularismen. Als Beispiel sei genannt das im Zuge vermehrter Güterströme und der europäischen Inbesitznahme der außereuropäischen Welt seit 1860 gewachsene Verlangen nach Partikularität und deren Markierung, namentlich nach Nationalstaaten. Deren Herausbildung war nicht nur Grundlage der kapitalistischen und kolonialen Austauschbeziehungen, sondern zugleich ihr Produkt. Klassische Insignien der modernen Nationalstaaten wie Hymnen, Flaggen, Verfassungen orientierten sich zwar an einem universalen Modell, waren aber gerade deshalb in der Lage, Partikularität auch universal zu markieren. Die *shared history* der Beziehungen und Tauschverhältnisse produzierte demnach Demarkationslinien, die wiederum die ihnen zugrunde liegenden Interaktionen kaschierten.[63] Als wichtigen Impuls der postkolonialen Debatten[64] übernimmt die *entangled history* zudem den Fokus auf Wechselwirkungen der kolonialen Begegnung. Sie betont nachdrücklich, dass kolonisierende und kolonisierte Gesellschaften intensiv durch Transfer miteinander verbunden sind, und dies nicht nur durch die häufig untersuchten Transfers aus den Mutterländern in die Kolonien, sondern auch umgekehrt durch die selten ver-

---

60 Vgl. Sebastian Conrad, Shalini Randeria, Geteilte Geschichten – Europa in einer postkolonialen Welt, S.9-49, in: Dies. (Hg.), Jenseits des Eurozentrismus, Postkoloniale Perspektiven in den Geschichts- und Kulturwissenschaften, Frankfurt a.M. u.a. 2002.

61 Ebd., S.18.

62 Shalini Randeria, Geteilte Geschichte und verwobene Moderne, in: Jörn Rüsen (Hg.), Zukunftsentwürfe. Ideen für eine Kultur der Veränderung. Frankfurt a.M. 1999, S.87-96.

63 Vgl. Conrad/Randeria, Geteilte Geschichten – Europa in einer postkolonialen Welt, S.17-20.

64 Zur Einführung siehe Leela Gandhi, Postcolonial Theory, New York 1998; Robert Young, Postcolonialism. A Historical Introduction, Oxford 2001; Außerdem die Arbeiten von Homi Bhabba; Paul Gilroy, The Black Atlantic. Modernity and Double Consciousness, London 1993; Kien Nghi Ha, Ethnizität und Migration, Münster 1999.

folgten Transfers aus den Kolonien in die Mutterländer. Der hier verfolgte Ansatz verlangt demnach einen Perspektivwechsel weg von Europa, den Versuch, „Europa zu provinzialisieren",[65] ohne jedoch dabei lediglich die Perspektive des Modernisierungsparadigmas umzudrehen.[66]

Für multiperspektivistische Geschichtsschreibung transnationaler Geschichte setzt sich auch die *histoire croisée* ein, ein Konzept, das mit den Namen Michael Werner und Bénédicte Zimmermann verbunden ist und das darauf zielt, transnationale Untersuchungen jedlicher Art zu verpflichten, sich intensiv mit den oft grundlegend unterschiedlichen Sichtweisen in anderen, verglichenen Gesellschaften auseinanderzusetzen, in diesem Sinne immer wieder die Perspektive zu wechseln und so ein höheres Reflexionsniveau zu erreichen. Es drängt zudem darauf, über die vorwiegend binationalen Ausrichtungen der Vergleiche und Transferuntersuchungen hinauszukommen und plurilaterale Ansätze und Untersuchungen anzugehen.[67]

Mit Hilfe der methodischen Vorgaben der oben genannten Konzepte soll in dieser Studie geklärt werden, welchen Spielraum Reza Schah an der Spitze des iranischen Staates inmitten des internationalen Mächtegeflechtes zu einer autonomen Außenpolitik hatte. Dieses Ziel wird anhand der folgenden Schwerpunkte, die die einzelnen Kapitelüberschriften vorgeben, beantwortet:

In *Teil eins* wird „Das ‚neue' Persien" als Ausgangspunkt der Analyse vorgestellt. Persiens Innenpolitik nach der Machtergreifung des späteren Reza Schahs mit den Zielen Nationalisierung, Modernisierung und Säkularisierung wird in ihrer Widersprüchlichkeit für große Teile der Bevölkerung beleuchtet. Es folgt die Positionierung Persiens innerhalb der Region, namentlich die Zusammenarbeit mit den muslimischen Nachbarn Türkei, Afghanistan und Irak, welche eine Stärkung der Region und vor allem ein gewachsenes Selbstbewusstsein der genannten Länder zur Folge hatte. Daraufhin wird die Politik des Iran im Hinblick auf die Großmächte Großbritannien und Sowjetunion untersucht, insbesondere die Bemühungen Teherans, die Abhängigkeit von den übermächtigen Nachbarn mit Hilfe der Zusammenarbeit mit einer dritten Macht zu verringern. Der gesamte *Teil eins* wird aus dem Blickwinkel des Iran als handelndem Subjekt auf das Mächtegeflecht, das heißt von innen, betrachtet.

---

65 Vgl. Dipesh Chakrabarty, Europa provinzialisieren. Postkolonialität und die Kritik der Geschichte, in: Conrad/Shanderia, Jenseits des Eurozentrismus, S.283-312.

66 Stoler etwa warnt davor, in den Kolonien den eigentlichen aber verdrängten Ausgangspunkt von Modernisierungsprozessen zu sehen. Sie diagnostiziert dagegen epistemische Einschnitte, die in Kolonie und Metropole komplexe Prozesse der Neueinschreibung und Umstrukturierung mit sich brachten. Vgl. Ann Laura Stoler, Race and the Education of Desire. Foucault's History of Sexuality and the Colonial Order of Things, Durham 1995.

67 Vgl. Michael Werner, Bénédicte Zimmermann, Vergleich, Transfer, Verflechtung. Der Ansatz der histoire croisée und die Herausforderung des Transnationalen, in: Geschichte und Gesellschaft 28 (2002), S.607-636.

In *Teil zwei* „Die Großmächte im Iran" hingegen wird ein Perspektivwechsel vorgenommen und es werden jeweils die Interessen, die Politik und die Einflussnahme der mächtigen Nachbarn Sowjetunion und Großbritannien sowie des Deutschen Reiches als wachsendem Machtfaktor in der Region in Bezug auf Persien/den Iran untersucht. Der Iran wird in diesem Kapitel bewusst als Objekt innerhalb des Mächtegeflechts positioniert und so von außen beleuchtet.

Teil drei „Der Iran im Zweiten Weltkrieg" nimmt auch innerhalb des Kapitels Perspektivwechsel vor. Der Ausbruch des Zweiten Weltkrieges, der Reza Schahs Ringen um eine souveräne Außenpolitik vor neue Herausforderungen stellte, wird zunächst im Hinblick auf die neue Situation für den Iran durchleuchtet, der innerhalb des von ihm erklärten Neutralitätsstatus um Handlungsspielräume kämpfte. Anschließend wird die deutsche Kolonie im Iran im Hinblick auf Propaganda- und Spionagetätigkeiten und die tatsächlich vom Deutschen Reich ausgehend Gefahr für die iranische Neutralität untersucht. Daraufhin wird der Fokus abermals auf die Großmächte Großbritannien und Sowjetunion gerichtet, welche nach dem deutschen Angriff auf die Sowjetunion als plötzliche Partner schnell dazu bereit waren, den Iran auf dem Altar des neuen Bündnisses zu opfern. Die anglo-sowjetische Invasion im August 1941 schließlich als Kulmination des zwei Jahrzehnte gärenden Konflikts Reza Schahs mit den Großmächten und die Folgen des Einmarsches sollen mit Blick auf das Verhalten des Monarchen und der Invasoren abschließend über die Position des Iran innerhalb des internationalen Machtgefüges zu Ende der Ära Reza Pahlavis Aufschluss geben.

Im Fazit werden die Ergebnisse zusammengefasst sowie die Methodik auf ihre Anwendbarkeit überprüft.

II. Das „neue" Persien

Die ersten Dekaden des 20. Jahrhunderts gestalteten sich für Persien in jederlei Hinsicht turbulent. Während der sogenannten Konstitutionellen Revolution und Verfassungsbewegung (persisch *Maschrutiyat*) 1905-1912 schlossen sich schiitische Gelehrte, Händler und Intellektuelle unter dem Eindruck nationalistischer und modernistischer Diskurse und Impulse gegen den Absolutismus der Monarchie und den weiter anwachsenden ausländischen Einfluss in Persien zusammen. Auslöser waren zwei große Geldanleihen des ausschweifenden persischen Hofes von Russland, welche neuerliche wirtschaftliche Zugeständnisse erzwangen und eine völlige russische Kontrolle über Persien in bedrohliche Nähe rückten. Der Widerstand gegen diese Entwicklung führte Geistliche und weltlich orientierte Progressive in zahlreichen Geheimgesellschaften zusammen und wurde durch kritische Schriften von im Ausland lebenden Iranern geschürt. Er entlud sich in monatelangen Unruhen und gipfelte in dem Ruf nach einer Verfassung. Dem musste Mozaffar ad-Din Schah am 30. Dezember 1906, eine Woche vor seinem Tod, mit der Unterzeichnung eines nach dem Vorbild der belgischen Verfassung ausgearbeiteten Grundgesetzes und damit der Umwandlung Persiens in eine konstitutionelle Monarchie schließlich nachgeben.[68] Die neue Staatsform hielt jedoch nicht lange den politischen Machtkämpfen zwischen liberalen „Demokraten" (*Firqeh-i Demokrat*) und konservativen „Moderaten" (*Firqeh-i I'tedal*), den Nomadenaufständen in den Provinzen, finanziellen Problemen und dem Druck der Großmächte Großbritannien und Russland stand.[69] Letztere hatten im anglo-russischen Vertrag von 1907[70] Persien in eine russische Zone im Norden, eine britische im Süden und in eine neutrale Zone als Puffer in der Mitte geteilt und damit ihre Einflusssphären im Land gesichert. Nachdem das persische Parlament es im Dezember 1911 abgelehnt hatte, russischen Forderungen Folge zu leisten und den US-amerikanischen Finanzexperten William Morgan Shuster zu entlassen, der mit seinen Mitarbeitern als Berater der persischen Regierung fungierte – und Moskau zufolge zu sehr die finanzielle Unabhängigkeit Persiens im Sinn hatte – marschierten russische Truppen auf Teheran zu. Daraufhin gab der Regent Naser al-Molk, der für den damals minderjährigen Kadjaren Ahmad Schah die Geschäfte führte, dem ausländischen Druck nach, löste das Parlament auf und entließ Shuster.[71] Ferner sorgte Russland dafür, dass

---

68 Vgl. Monika Gronke, Geschichte Irans, Von der Islamisierung bis zur Gegenwart, München 2003, S.95-96.

69 Vgl. Ervand Abrahamian, Iran between two Revolutions, Princeton 1982, S.103-107.

70 Für den Vertrag siehe Hurewitz, The Middle East and North Africa in World Politics, Bd.1, S.538-540.

71 Shuster war von den Persern hoch verehrt worden und schrieb nach seinem durch die ausländischen Mächte erzwungenen Abgang: „It was obvious that the people of Persia deserve much better than what they are getting, that they wanted us to succeed, but it was

die Pressezensur bestehen blieb und ein Moskau wohl gesonnenes Parlament eingesetzt wurde. Damit wurde die Verfassung auf Eis gelegt und die Konstitutionelle Revolution beendet.[72]

Im Ersten Weltkrieg erklärte Persien seine Unabhängigkeit, wurde jedoch Aufmarschgebiet britischer, russischer und osmanischer Truppen. Gleichzeitig schaffte es das Deutsche Reich, die pro-deutsche, national-liberale Führung dazu zu bringen, in Kermanschah und Qom eine „Gegen"-Regierung zu formen und somit Kabinett und Parlament (*Majlis*) zu spalten, kurz: Die Zentralregierung fiel fast vollständig zusammen.[73] Am Ende des Ersten Weltkrieges war Persien von Truppen Großbritanniens besetzt, das nach dem Abzug der russischen Truppen nach der Oktoberrevolution 1917 die einzige militärisch und ökonomisch bedeutende Macht im Mittleren Osten darstellte. Persien war durch die Kriegswirren finanziell ausgezehrt und mit einer *de facto* nicht existenten Zentralregierung schien es „to be on the verge of collapse, about to disintegrate into a number of separate parts some of which might be absorbed into neighboring states. Hunger, poverty, insecurity, despair and apathy reigned."[74]

2.1 Persiens Innenpolitik nach dem Staatsstreich 1921 bis 1939

Die unbeständigen und teilweise anarchischen Zustände des frühen 20. Jahrhunderts riefen in der politischen Klasse Persiens die Sehnsucht nach einer starken und charismatischen Persönlichkeit hervor. Gleichzeitig brachten sie als Folge der Konstitutionellen Revolution Reformen auf die Agenda, welche, in der Regierungszeit Reza Schahs auf den Weg gebracht, Persien außerordentlich verändern würden.[75] So fand am 21. Februar 1921 ein *coup d'état* statt, der von vielen in den führenden Kreisen als die einzige Möglichkeit gesehen wurde, Persiens Unabhängigkeit und die Autorität der Zentralgewalt in den Provinzen wiederherzustellen und sich von der wirtschaftlichen und politischen Zange Großbritanniens und der Sowjetunion zu befreien. Reza Khan, Oberst der Kosakenbrigade auf militärischer, und Sayyed Zia al-Din Tabatabai, pro-britischer, moderater Journalist auf ziviler Seite, stürzten die schwache Regierung; Tabatabai wurde vom letzten Kadjarenherrscher Ahmad Schah zum neuen Premier und Reza Khan zum Kriegsminister ernannt.[76] Reza Khan reorganisierte die Streitkräfte und warf aufständische Bewegungen in den

---

the British and the Russians who were determined not to let us succeed." Morgan William Shuster, The Strangling of Persia, London 1912, S.12.

72 Vgl. Abrahamian, Iran between two Revolutions, S.97.

73 Vgl. Richard W. Cottam, Nationalism in Iran, Pittsburgh 1979, S.17-18.

74 Wilber, Riza Shah Pahlavi, S.19. Zwei Millionen Iraner sollen durch Hunger und Seuchen zu Tode gekommen sein, bei einer Gesamtbevölkerung von zwölf Millionen. Vgl. Hassan Arfa, Under five Shahs, London 1964, S.307.

75 Vgl. Stephanie Cronin (Hg.), The Making of Modern Iran. State and Society under Riza Shah 1921-1941, London/New York 2003, S.4.

76 Vgl. Cottam, Nationalism in Iran, S.20.

Provinzen Azerbaijan, Gilan und Khuzistan nieder. 1923 machte er sich durch einen weiteren Staatsstreich selbst zum Premierminister und im Herbst 1925 beschloss das Parlament die Absetzung Ahmad Schahs, der schon 1923 Persien für eine Europareise verlassen hatte. Das Parlament wurde in eine Verfassungsgebende Versammlung umgewandelt und im Dezember 1925 stimmte sie der Inthronisierung Reza Khans als neuem Schah zu.[77] Die Pahlavi-Dynastie (1925-1979), benannt nach der vorislamischen Hochsprache Irans, dem Pahlavi, nahm damit ihren Anfang.

Bis zu Reza Schahs erzwungener Abdankung 1941 durchlief Persien eine regelrechte Transformation, die im innenpolitischen Bereich unter den Begriffen Nationalisierung, Modernisierung und Säkularisierung zusammengefasst werden kann.[78] Mustafa Kemal Atatürk ähnlich, den er bewunderte, war es Reza Schahs Ziel, Persien durch ein groß angelegtes Modernisierungsprogramm zu einem fortschrittlichen säkularen Nationalstaat zu machen, der frei von jeglicher ausländischer Intervention volle Unabhängigkeit und den Respekt anderer Staaten gewinnen sollte. Als glühender Nationalist hob er die prä-islamische Größe Persiens vor der arabischen Invasion hervor, wie auch durch die Wahl des Namens Pahlavi deutlich wird.[79] Amin Banani definiert seine Motivation als

> „a complete dedication to the cult of nationalism-statism; a desire to assert this nationalism by a rapid adoption of the material advances of the West; and a breakdown of the traditional power of religion and a growing tendency towards secularism, which came as a result of the first two ideals. At the heart of these ideals [...] was an intense nationalism – from it developed all other motivation."[80]

Er führte die Polizei, die Gendarmerie und das Heer zum ersten Mal in der persischen Geschichte in einer vereinheitlichten Armee zusammen und noch in seiner Zeit als Premierminister ging er das Problem der inneren Sicherheit mit Härte an und brachte Persien eine innere Sicherheit, wie es sie seit über einem Jahrhundert nicht gekannt hatte.[81] Die allgemeine Wehrpflicht wurde eingeführt und das Militär wurde fortan der Rückhalt Reza Schahs, so dass Forans Klassifizierung des Regimes als *militärische Autokratie* durchaus zutrifft.[82] Die *Majlis*, welche die Maßnahmen des Schahs formell absegnete, stellte zusammen mit dem faktisch machtlosen Kabinett die zweite wichtige Säule des Regimes dar, da sie dem Schah demokratische Legitimität verlieh. Die dritte wichtige Säule bestand aus der immer weiter anwachsenden Beamtenschaft, welche zur Überwachung des Staates benötigt wurde.

77 Vgl. Gronke, Geschichte Irans, S.99.
78 Vgl. Amin Banani, The Modernization of Iran 1921-1941, Stanford 1961, S.51.
79 Vgl. Firoozeh Kashani-Sabet., Frontier Fictions. Shaping the Iranian Nation, 1804-1946, London 2000, S.200.
80 Banani, The Modernization of Iran 1921-1941, S.45.
81 Vgl. Cottam, Nationalism in Iran, S.20.
82 Vgl. John Foran, Fragile Resistance: Social Transformation in Iran from 1500 to the Revolution, Boulder 1993, S.220.

Sie war zusammen mit den neuen Unternehmern und Großgrundbesitzern[83] Nutz-nießer der Modernisierung Irans. In dem Maße, in dem sich Reza Schahs Macht festigte, ließ er unabhängige und kritische Zeitungen und Institutionen schließen oder zensieren und politische Parteien auflösen.[84] Katouzian beschreibt die Entwicklung wie folgt: „In 1926 there was dictatorship within a broadly constitutional framework. By 1931 there was arbitrary rule."[85]

Der neue Schah setzte die erste wirklich bedeutende Reihe wirksamer Reformen um und schien das Land im Eiltempo modernisieren zu wollen. So wurde der Auf-bau einer funktionierenden Infrastruktur in Form einer Transiranischen Eisenbahn in Angriff genommen, die der Regierung vor allem dazu dienen sollte, das Land politisch, wirtschaftlich und militärisch zu kontrollieren und eine Handelsverbin-dung zwischen Nord und Süd zu schaffen. Dadurch sollte unter anderem die Ab-hängigkeit vom größten Handelspartner, der Sowjetunion, im Norden vermindert werden. Bei Fertigstellung 1938 reichte die Zugverbindung vom Persischen Golf über Teheran in die nördlichen Provinzen und die Transiranische Eisenbahn stellte das Prestigeprojekt Reza Schahs dar.[86] Der Straßenbau schritt ebenfalls zügig voran und die Anzahl der Straßenstrecken war Ende der 1930er zehnmal so hoch wie noch Mitte der 1920er. Kraftfahrzeuge wurden zum neuen Haupttransportmittel zwischen den Ortschaften und ihre Zahl stieg von etwa 600 im Jahre 1928 auf 25.000 im Jahr 1942.[87]

Die industrielle Entwicklung schritt vor allem in den 1930ern voran, nachdem die Weltwirtschaftskrise die Preise für Produktionsfaktoren drastisch gesenkt hatte. Der Staat förderte die Industrialisierung, indem er den Zoll erhöhte, Regierungs-monopole bildete, moderne Industrieanlagen finanzierte und angehenden Fabrik-Besitzern durch die 1925 gegründete National-Bank, Bank-e Melli, die Kreditauf-nahme zu niedrigen Zinsen ermöglichte. Die Zahl der Industrieanlagen erhöhte sich, Ölinstallationen ausgenommen, von weniger als 20 im Jahr 1925 auf 346 im Jahr 1941, und dementsprechend stieg die Zahl der Fabrik-Arbeiter im selben Zeit-raum von unter 1000 auf über 50 000.[88]

Das Rechtssystem wurde nach europäischem Muster durch neue Gesetzes-werke, 1925 im Handelsrecht, 1926 im Strafrecht und 1928 im Zivilrecht, säkulari-siert und die Religionsgelehrten (*Ulama*) sukzessive von der Partizipation an der

---

83 Die Unternehmer profitierten von der zunehmenden Industrialisierung während den Großgrundbesitzern zugute kam, dass keine Bodenreform durchgeführt und die Bestim-mungen des neuen Zivilrechts durch Bestechung und Nepotismus unterlaufen wurden. Vgl. Nikki R. Keddie, Roots of Revolution: An Interpretative History of Modern Iran, New Haven u.a. 1981, S.95-111.

84 Vgl. Cronin, The Making of Modern Iran, S.2.

85 Homa Katouzian, Riza Shah's Political Legitimacy and Social Base, 1921-1941, in: Cronin, The Making of Modern Iran, S.18.

86 Vgl. Keddie, Roots of Revolution, S.100.

87 Vgl. ebd., S.99.

88 Vgl. Abrahamian, Iran between two Revolutions, S.146-147.

Rechtssprechung ausgeschlossen: 1932 wurde den kirchlichen Gerichten (*Shar*) das Recht entzogen, Dokumente zu beglaubigen, wodurch die Geistlichen ihrer Notar-Honorare beraubt wurden. Im Dezember 1936 schließlich wurde festgesetzt, dass alle Richter ein Universitäts-Diplom vorweisen müssten.[89] Damit wurde den islamischen Rechtsgelehrten, die traditionell keine säkulare Ausbildung hatten, endgültig ihre juristischen Kompetenzen in den weltlichen Gerichten entzogen.

Ferner wurde Männern 1929 westliche Kleidung gesetzlich vorgeschrieben und Frauen 1936, nach Reza Schahs Besuch der Türkei Atatürks 1934, der *Chador* und auch das Kopftuch verboten. Frauen sollten vermehrt Zugang zu Bildung und zum öffentlichen Leben erhalten und somit die *Purdah*, die Geschlechtertrennung, überwinden. In einer Ansprache am 8. Januar 1936 ließ Reza Schah verlauten:

> „Wir sollten nicht vergessen, dass [bis zu diesem Zeitpunkt] die Hälfte der Bevölkerung des Landes nicht berücksichtigt wurde… Ich erwarte von Euch Frauen, die ihr Euch nun eurer Rechte, Privilegien und Pflichten bewusst werdet, eurem Vaterland zu dienen…"[90]

Allerdings hatte die gesetzliche Oktroyierung des Schleierverbots als Teil eben dieser Initiative auch soziale Gewalt und Unruhen zur Folge, da für viele tief religiöse, muslimische Frauen der fehlende Schleier eine Demütigung darstellte und dazu führte, dass diese Frauen, anstatt am öffentlichen Leben teilzunehmen, das Haus nur noch wenn dringend nötig verließen.[91]

Weiterhin wurden die Feiern des Trauermonats *Muharram*[92] verboten. Zusammen mit den vorher genannten Bestimmungen wurde damit die wirtschaftliche und gesellschaftliche Stellung der Geistlichkeit untergraben und ihre berufliche Tätigkeit auf rein religiöse Bereiche begrenzt.[93] Da der Klerus aber noch ein faktisches Monopol über das Bildungswesen innehatte, wurde ein stufenartiges Bildungsprogramm auf nicht-religiöser Linie verfolgt und damit zwar vorerst ein Frontalangriff auf den Islam vermieden. Es wurde der neuen Generation jedoch beigebracht, den Islam als einen fremden, den Iranern von einer minderwertigen Zivilisation auferlegten Glauben zu betrachten.[94] Der Schlusspunkt hinter die Degradierung des Kle-

---

89 Das Diplom musste entweder von der Universität Teheran oder einer ausländischen Universität sein. Ansonsten musste sich einer besonderen Prüfung unterzogen werden. Vgl. Michael P. Zirinsky, Riza Shah's Abrogation of Capitulations, 1927-1928, in: Cronin, The Making of Modern Iran, S.86.

90 H.E. Chehabi, The Banning of the Veil and its Consequences, in: Cronin, The Making of Modern Iran, S.201.

91 Das Schleierverbot ließ sich langfristig auch mit Gewalt nicht durchsetzen, so dass nach 1941 Frauen, vor allem der Unterschicht, den Schleier wieder anlegten. Vgl. ebd., S.202.

92 In den ersten zehn Tagen des *Muharram* begehen die Schiiten ihr höchstes Trauerfest, die Aschura-Riten, in denen sie mit Prozessionen, Passionsspielen und Geißelungen dem Tod des Imams Al-Hussein in der Schlacht von Kerbela gedenken.

93 Vgl. Gronke, Geschichte Irans, S.99.

94 Vgl. Banani, The Modernization of Iran 1921-1941, S.47.

rus wurde schließlich 1939 mit der Verstaatlichung aller geistlichen Ländereien und Stiftungen gesetzt.[95]

Das Bildungssystem wurde mit einem Netz staatlicher Volksschulen nach französischem Vorbild (staatlich, privat, religiös; Grundschulen, weiterführende und Hochschulen) reformiert und die Zahl aller bestehenden Schulen stieg von lediglich 612 im Jahre 1922 auf 8237 anno 1940.[96] In Teheran wurde die erste moderne Universität Irans gegründet, das Auslandsstudium iranischer Studenten wurde gefördert und Frauen nahmen, vor allem seit den 1930ern, zunehmend an der Bildung teil.[97] Die Statistiken in der Periode Reza Schahs weisen große Fortschritte des Bildungswesens auf. Man sollte jedoch beachten, dass das extrem zentralisierte und elitäre Bildungssystem dazu führte, dass selbst 1940 noch 90% der ländlichen Bevölkerung nicht lesen und schreiben konnten.[98] Es wurde in dieser Periode aber sicherlich das Fundament gelegt für ein der großen Masse zugängliches modernes Bildungswesen.

Im multiethnischen Persien, welches neben ungefähr 50% Persern außerdem Azerbaijaner, Kurden, Araber, Turkomanen, Luren, Belutschen und kleinere Minderheiten wie christliche Armenier, Assyrer und Georgier beherbergte, stellten die zahlreichen, oft unabhängigen und gut bewaffneten Nomadenstämme, die rund ein Viertel der Gesamtbevölkerung ausmachten, eines der größten Probleme für die Zentralregierung in Teheran dar. Ihre stetige Suche nach Weideland und den oft daraus resultierenden Plünderungen führten zu dem politischen Konsens darüber, dass sie sesshaft gemacht werden müssten.[99] Reza Schahs Politik bezüglich der Nomadenstämme bestand bis Mitte der 1920er vor allem aus militärischen Maßnahmen: mit dem Bezwingen der Anführer wurden die Nomaden entwaffnet und auf teils gewalttätige Weise der Zentralgewalt unterstellt. Nach 1927 wurden vor allem ökonomische und soziale Maßnahmen getroffen, um die rigorose Politik der Sesshaftmachung voranzutreiben. So wurden sie gezwungen, sich in ihnen zugewiesenen – für die Viehhaltung oft gänzlich ungeeigneten – Gebieten anzusiedeln. Durch Direktbesteuerung, Wehrpflicht, Kleidervorschriften und eben die Zwangsumsiedlungen wurden sie ihren Stämmen und Traditionen entrissen. Es gab vereinzelte Aufstände gegen diese Bestimmungen, so 1927 von den Luren, 1929 von den Kurden und 1929 bis 1931 in Fars, doch wurden diese mit aller Härte von der Zentralregierung niedergeschlagen, die meisten Stammesführer hingerichtet oder aus dem Land getrieben. Die Sesshaftmachung in Luristan, Fars, Azerbaijan und Khurasan zwischen 1933 und 1937 nahm besonders brutale Formen an und all diese Zwangsmaßnahmen führten dazu, dass ein großer Teil der Nomaden-Bevölkerung Irans in den 1920ern und 1930ern, wie Bayat schreibt, genozidähnlich

---

95   Vgl. ebd., S.141.
96   Vgl. ebd., S. 108.
97   Vgl. Cronin, The Making of Modern Iran, S.2.
98   Vgl. Abrahamian, Iran between Two Revolutions, S.145.
99   Vgl. Kaveh Bayat, Riza Shah and the Tribes: An Overview, in: Cronin, The Making of Modern Iran, S. 213.

ausgelöscht wurde.[100] Dennoch war es gerade Reza Schahs Umgang mit den No-
madenstämmen, der ihm bei Freund und Feind im politischen Lager Respekt und
Anerkennung einbrachte und damit seine Stellung festigte. So hob beispielsweise
Sulayman Mirza, der Führer der Sozialisten in der Verfassungsgebenden Versammlung vom Dezember 1925, die Reza Khan zum Schah krönte, dessen Verdienste
hervor, „die Zentralgewalt zu stärken, die Rebellen und all diejenigen, die die Zentralgewalt nicht anerkannten, zu zerstören."[101] Als weiteres Produkt der Zentrali-
sierungspolitik Reza Schahs wurde eine neue urbane Arbeiterklasse geschaffen,
welche Teheran durch Migration und Modernisierung zum Zentrum der Arbeiter-
und Mittelklasse machte. 1940 wurden 58,5% aller Inlandsinvestitionen in Teheran
getätigt.[102] Allerdings lebten auch immer noch gut 82% der iranischen Bevölkerung
auf dem Land, wo die Reformen am wenigsten sichtbar waren und den Bauern, in
Form von Steuern und Wehrpflicht, noch mehr abverlangt wurde als unter den
Herrschern der Kadjarendynastie.[103] Freilich war Reza Schah nicht der alleinige Ar-
chitekt all dieser Reformen. Vor allem in der ersten Hälfte seiner Regierungszeit
wurde er von fähigen Mitgliedern seines Kabinetts unterstützt. Die wichtigsten unter ihnen waren Abdol Hussein Khan Timurtasch (Hofminister), Sardar Asad
(Kriegsminister) Firuz Mirza (Finanzminister) und Ali Akbar Davar, „Erfinder" des
persischen Zivilrechts und späterer Finanzminister. All diese Männer wurden jedoch nach und nach von Reza Schah beseitigt. Der Mann, der selbst durch einen
Putsch an die Macht gekommen war, lebte in ewiger Angst vor einem weiteren
Putschversuch und entledigte sich daher der Männer, die ihm zu unabhängig und
einflussreich erschienen, indem er sie unter fadenscheinigen Begründungen inhaf-
tieren ließ.[104] Ab Mitte der 1930er suchte sich Reza Schah weniger entschlossene
und unabhängige Minister, die dem Zweck autokratischer Kontrolle besser ent-
sprachen, ihm allerdings gleichzeitig den Zugang zu kritischen und scharfsichtigen
Informationen verwehrten und somit zu seinem eigenen Fall 1941 beitrugen.[105]

Viele zeitgenössische westliche Beobachter sahen in Reza Schah einen bloßen
Nachahmer des Modernisierers Mustafa Kemal Atatürk. Auf gewisse Art war er
jedoch viel radikaler, da Persien nicht die gleichen geistigen und äußerlichen Struk-
turentwicklungen durchlebt hatte wie das Osmanische Reich von 1789 bis zum

---

100   Vgl. ebd., S.214-216.
101   Hossein Makki, Tarikh-e Bistsale-ye Iran (20 Jahre iranische Geschichte), Bd. 3, Teheran
      1995, S.591.
102   Vgl. Keddie, Roots of Revolution, S.95-111.
103   Vgl. Mehrzad Boroujerdi., Triumphs and Travails of Authoritarian Modernisation in Iran,
      in: Cronin, The Making of Modern Iran, S.149.
104   Timurtasch wurde der Bestechung angeklagt und starb 1933 offiziell an Herzversagen und
      Lungenentzündung in Haft. Auch Mirza wurde der Bestechung angeklagt und starb 1929
      in Haft ebenso wie Asad 1933. Dieser war jedoch ohne Anklage inhaftiert worden. Davar
      beging 1937, anscheinend in Folge von Konflikten über den künftigen Kurs der Wirt-
      schaftspolitik, Selbstmord. Vgl. Foran, Fragile Resistance, S.222.
105   Vgl. Miron Rezun, Reza Shah's Court Minister: Teymourtash, in: International Journal of
      Middle East Studies 12, 2 (Sept., 1980), S. 133.

Ersten Weltkrieg.[106] Es gab demnach auch Kritik an dem radikalen Modernisierungskurs des persischen Monarchen, der nach den Worten seines Ministerpräsidenten Muchbar es-Saltaneh an die „mystische Allmacht der Maschine" glaubte. Es stellte sich die Frage, wo all die Konsumenten für die Industrieprodukte herkommen sollten, wenn von den zwölf Millionen Einwohnern zehn Millionen auf dem Land wohnten, welche aufgrund der drückenden Steuern über keinerlei Kaufkraft verfügten.[107] Auch das Schleierverbot für Frauen missachtete die Realitäten im Lande: Es hatte zwar die Teilhabe der Frau an der Gesellschaft und eine Öffnung ebendieser zum Ziel, wurde jedoch gewaltsam implementiert und hatte somit soziale und kulturelle Unruhen zur Folge. Reza Schahs Frau vetraute Hofminister Amir Asadollah Alam 1974 an, ihr Mann hätte zwar geäußert, er bevorzuge den Tod „to a life in which he had to show his wife bare-headed to strangers, but he had no choice, as otherwise Iranians will be thought to be savage and backward."[108]

Reza Schahs Motivation setzte sich aus einer widersprüchlichen Mischung aus Nationalismus und dem Drang nach westlicher Modernisierung zusammen; Verwestlichungsbemühungen und xenophobisches Misstrauen gegenüber dem Westen trafen hier aufeinander. Der Iran wurde einem Modernisierungsprozess unterworfen, um ihn gegenüber ausländischen Mächten, besonders Großbritannien und die Sowjetunion, zu stärken. Das Land orientierte sich in wirtschaftlicher, politischer und juristischer Hinsicht sowie im Bildungswesen sichtlich an den säkularen Werten und Ideologien des Westens.[109] Reza Schahs Ziel, sich die Errungenschaften des Westens zur Emanzipierung des Iran anzueignen, nennt Katouzian „Pseudo-Modernismus" und degradiert die Bemühungen damit zu rein oberflächlicher Natur.[110]

Es bleibt festzuhalten, dass der Iran in dieser Periode immens wichtige und nachhaltige Reformen erfuhr, so in den Bereichen der Armee, des Transportwesens, der Jurisdiktion und des Bildungswesens. Das Land wurde industrialisiert, säkularisiert und damit auf soziale, politische und wirtschaftliche Weise verändert. Aus einem zersplitterten Land wurde, auf teilweise rücksichtslose Art, ein Zentralstaat nach westlichem Muster geformt. Es wurde im Inneren eine vorher nicht gekannte Ordnung und Sicherheit hergestellt, die Reza Schahs despotische Herrschaft für kurze Zeit legitimierte. Zwar erreichten die Reformen die Mehrheit der ländlichen Bevölkerung nicht und der Iran mit seinen verschiedenen ethnischen Minderheiten konnte nicht geeint werden. Das Land wurde aber strukturell auf die Zentralgewalt ausgerichtet und ihm somit ein einheitliches Gefüge gegeben. Die für die Zentralregierung wichtigste Reform war die Errichtung einer modernen, einheitlichen Ar-

---

106 Vgl. Zirinsky, Riza Shah's Abrogation of Capitulations, S.83.
107 Vgl. Wipert von Blücher, Zeitenwende im Iran, Birbach an der Riss 1949, S.221.
108 Chehabi, The Banning of the Veil and its Consequences, S.200.
109 Vgl. Foran, Fragile Resistance, S.225.
110 Vgl. Homa Katouzian, The Political Economy of Modern Iran: Despotism and Pseudo-Modernism, 1926-1979, New York 1981, S.101.

mee, in die viel Geld floss und die durch die Einführung der allgemeinen Wehrpflicht nachhaltig gestärkt werden sollte. Sie wurde das Rückgrat des Regimes und
sollte dieses sowohl nach innen als auch nach außen schützen. Ihre tatsächliche
Schwäche jedoch offenbarte sich spätestens im August 1941.

2.2 Persien und die regionale Zusammenarbeit: Türkei, Afgha-
nistan, Irak und der Abschluss des Saadabad-Paktes 1937

In Abkehr zur Nachbarschaftspolitik der Kadjaren suchte Reza Schah freundschaftliche Beziehungen zu den muslimischen Nachbarstaaten Irak, Türkei und Afghanistan aufzubauen. Kulturelle Bande mit Afghanistan, Ähnlichkeiten mit der
Modernisierungs-Ideologie der Türkei oder auch die religiöse Verbindung mit der
schiitischen Bevölkerung Iraks spielten eine Rolle. Den bedeutendsten Faktor stellte jedoch die wirtschaftliche und politische Emanzipation von Großbritannien und
der Sowjetunion dar. Vor allem die Jahrhunderte währenden Grenzkonflikte und
kriegerischen Auseinandersetzungen zwischen Persien und dem Osmanischen
Reich hatten wesentlich zur Isolierung Persiens von westlichen Märkten beigetragen, was wiederum zu einer größeren persischen Abhängigkeit vom russischen
Nachbarn im Norden geführt hatte. Um diese Abhängigkeit zu verringern, musste
Persien Zugang zu Markt und Handel bekommen, beispielsweise über die Tabriz-
Rawanduz Route oder die Tabriz-Erzerum Route, die über die Territorien des Irak
und der Türkei führten.[111] Demnach musste Persien unter Reza Schah zur Stabilisierung der Beziehungen zu den Nachbarstaaten unter anderem die lang bestehenden Grenzfragen lösen; und dies vor dem Hintergrund, dass Persien mit der
Auflösung des Osmanischen Reiches nach dem Ersten Weltkrieg mit dem Irak und
der Türkei zwei neue Nachbarn bekommen hatte.

Die persisch-türkische Annäherung gestaltete sich verhältnismäßig einfach.
Die kemalistischen Reformen der 1920er und 1930er Jahre richteten sich gegen die
alte sunnitische Ordnung, um aus dem traditionellen, islamischen Land einen modernen, säkularen Staat nach westlichem Vorbild zu schaffen. Dies rief in Reza
Schah tiefe Bewunderung hervor.[112] Am 22. April 1926 wurde ein Freundschaftsvertrag unterzeichnet, der Neutralität, einen Nicht-Angriffspakt und die Nicht-
Duldung von dem anderen Land feindlich gesinnten subversiven Gruppen im eigenen Land festsetzte.[113] Zwar wurden in den darauf folgenden Jahren die Beziehungen beider Länder auf die Probe gestellt, nachdem sich die persisch-türkische
Grenzfrage mit der türkischen Kurdenproblematik vermischte;[114] die Türkei be-

---

111   Vgl. Ramazani, The Foreign Policy of Iran, S. 270-274 .

112   Vgl. Kashani, Frontier Fictions, S.200.

113   Der Vertrag ist zu finden in Hurewitz, The Middle East and North Africa in World
       Politics, Bd.2, British-French Supremacy, 1914-1945, S.370-372.

114   Atatürk sah sich ernstem Widerstand der Kurden gegenüber, die im türkischen Befrei-
       ungskrieg gegen die Besatzungsmächte Großbritannien, Frankreich, Italien und Griechen-
       land an Kemals Seite gekämpft hatten, denen aber die Autonomiezugeständnisse der Be-

zichtigte Persien, Grenzüberquerungen der Kurden zu dulden und kurdische Angriffe zu unterstützen. Am 23. Januar 1932 wurde jedoch der erste Grenzvertrag zwischen Persien und der Türkei unterzeichnet. Durch dessen drei Artikel wurde der Jahrhunderte währende Grenzkonflikt beigelegt, die Grenzen zwischen beiden Ländern geschlossen und damit auch kurdische Flucht- und Versorgungswege abgeschnitten. Zusammen mit dem Freundschaftsvertrag vom 5. November 1932 wurde der Grundstein für die neuen türkisch-persischen Beziehungen gelegt.[115]

Diese fanden ihren Ausdruck in der einzigen Auslandsreise Reza Schahs: Im Juni 1934 verbrachte er auf Einladung Atatürks fast einen Monat in der Türkei. Die Allgegenwärtigkeit der beiden Staatsoberhäupter als nationale Repräsentanten in der Presse, der Fokus, der während der Staatsakte auf Symbole wie Flaggen und Nationalhymnen gelegt wurde sowie die ausgefeilte Choreographie der Zeremonien, die sich nach den internationalen Standards der zwischenstaatlichen Diplomatie richteten, stellten ein Novum in der Repräsentation der beiden Staaten dar. Marashi beschreibt, wie vor dem Hintergrund eines konzeptionellen Kultur- und Politikwandels im Mittleren Osten der Zwischenkriegszeit solche offiziellen Zeremonien – abgesehen von Freundschaftsbekundungen – vor allem Souveränitätsbeteuerungen der beiden Staaten im globalen Kontext darstellten. Reza Schahs Besuch in der Türkei sollte der Welt beweisen, dass diese beiden Staaten nun frei, souverän und unabhängig waren und sich demnach gemäß den standardisierten kulturellen und diplomatischen Normen des internationalen politischen Systems verhielten.[116]

Die Beziehungen Persiens mit Afghanistan zeichneten sich vor allem durch vertragliche Annäherungen und die Lösung eines ebenfalls lang währenden Grenzkonfliktes aus.[117] Schon am 22. Juni 1921, also kurz nach dem persischen Staatsstreich, wurde ein Freundschaftsvertrag zwischen beiden Ländern unterzeichnet,[118] der unter anderem ihre diplomatischen und konsularen Repräsentanten unter internationales Gesetz stellte, die Gesetze des jeweils anderen Landes für eigene Staatsbürger, die sich dort aufhielten, anerkannte und Streitigkeiten einem Schiedsverfahren zur Lösung weiterleitete.[119] Dieser Vertrag wurde am 27. November 1927 mit einem Freundschafts- und Sicherheitsvertrag weitergeführt, beinhaltete einen

---

stimmungen von Sevrès (1920) im neu ausgehandelten Vertrag von Lausanne (24. Juli 1923) wieder entrissen wurden. Als Antwort auf Atatürks Maßnahmen zur Säkularisierung und Türkisierung des Landes zur Bildung eines modernen und homogenen türkischen Staates kam es 1925, 1929 und 1930 zu kurdischen Aufständen, worauf die aufrührerischen Kurden sich im gebirgigen und daher schwer zugänglichen Grenzgebiet zwischen Persien und der Türkei versteckten. Vgl. Martin Strohmeier und Lale Yalcin-Heckmann, Die Kurden. Geschichte, Politik, Kultur, München 2003, S.92-100.

115 Vgl. Ramazani, The Foreign Policy of Iran, S.272.
116 Vgl. Afshin Marashi, Performing the Nation. The Shah's Official State Visit to Kemalist Turkey, June to July 1934, in: Cronin, The Making of Modern Iran, S.114.
117 Vgl. Ludwig W. Adamec, Afghanistan's Foreign Affairs to the Mid-Twentieth Century: Relations with the USSR, Germany, and Britain, Tucson 1974, S.189.
118 Vgl. Hurewitz, The Middle East and North Africa in World Politics, Bd.2, S.260-262.
119 Vgl. Ramazani, The Foreign Policy of Iran, S.266.

Nichtangriffspakt zwischen Persien und Afghanistan und setzte fest, dass bei Nichtübereinkunft auf diplomatischem Wege der Schiedsspruch einer „neutralen Macht" als gültig anzuerkennen sei. Zudem verpflichteten sich die beiden Länder zu aktiver wirtschaftlicher Kooperation, der Schaffung und Verbesserung von Kommunikationsmitteln sowie zu freiem Gütertransport durch des anderen Territorium. Da auf diese Weise die guten Absichten Persiens demonstriert worden waren, sollte anschließend die Grenzfrage des Musa-Abad Gebietes geklärt werden, welche jedoch nach fruchtlosen Verhandlungen im März 1934 an die Türkei als „neutrale Macht" zum Schiedsverfahren übermittelt wurde. Der türkische Schiedsmann entschied zugunsten Afghanistans und Reza Schah nahm den Schiedsspruch, trotz großer Kritik innerhalb des eigenen Landes, an.[120] Allein dies gibt ein gewichtiges Beispiel für den iranischen Willen zur Kooperation.

Die Annäherung an den Irak hing von der Lösung diverser Probleme ab. Diese bestanden vor allem in der Präsenz kurdischer, oft aufrührerischer Gemeinden und anderer Nomadenstämme in der Grenzregion zwischen dem Irak und Persien und der Grenzfrage am Schatt el'Arab.[121] Das Problem der Nomadenstämme in der Grenzregion, das schon über Jahrhunderte für Konflikte zwischen Persien und dem Osmanischen Reich gesorgt hatte, wurde im Zuge der gesuchten Annäherung zwischen Persien und Irak und im Rahmen der erwähnten Nomaden-Politik Reza Schahs[122] aufgegriffen und beide Seiten bewegten sich merklich aufeinander zu.[123] 1929 wurden aufständische, von der persischen Streitmacht besiegte Kurden auf irakischem Boden entwaffnet und unter Beobachtung gestellt, während auf der anderen Seite persische Grenzbehörden 1932 der regulierten Migration des Jaf-Stammes in persisches Gebiet zustimmten, wogegen sie ein Jahr zuvor noch protestiert hatten.[124] Der Konflikt um die Kurden und Nomadenstämme in der Grenzregion zwischen dem Irak und Persien entspannte sich unter dem Eindruck gegenseitiger Bemühungen deutlich.

Weiteren Zündstoff bot die seit Jahrhunderten währende Frage um die irakisch-persische Grenze am Schatt el-Arab. Statt nach gängiger internationaler Praxis die Grenze entlang des Talweges zu ziehen, wurde der Flussverlauf in seiner vollen Breite 1847 dem Osmanischen Reich zugesprochen.[125] Die Grenzfestlegung

---

120 Vgl. ebd., S.266-268.
121 Vgl. Shaul Bakhash, The Troubled Relationship: Iran and Iraq, 1930-1980, in: Lawrence G. Potter und Gary G. Sick (Hg.), Iran, Iraq, and the Legacies of War, New York 2004, S.11.
122 Vgl. Kapitel 2.1.
123 So schlossen 1927 persische Behörden ein Abkommen mit einem Teil des irakischen Pizhder-Stammes, der die Bedingungen für den saisonalen Aufenthalt auf persischem Boden festsetzte. Im gleichen Jahr wurde Salar al-Doleh, ein Thronanwärter der Kadjaren, der die Kurden auf persischem Boden zu einem Aufstand angestachelt hatte und von den Streitkräften des Schahs zurückgedrängt worden war, von der irakischen Polizei in der Grenzregion festgenommen. Vgl. Ramazani, The Foreign Policy of Iran, S.259-260.
124 Vgl. ebd., S.260.
125 Diese war in vager Form im türkisch-persischen Friedensvertrag von 1639 festgelegt und am 31. Mai 1847 durch eine englisch-russisch-türkisch-persische Grenzkommission im

wurde zwar durch den Ersten Weltkrieg unterbrochen, der Irak als Nachfolgestaat beanspruchte jedoch ebenfalls die Hoheitsrechte für sich, während Persien eine Erweiterung seiner begrenzten Rechte auf den Schatt el-Arab anstrebte.[126] Konnte der Konflikt im November 1934 vor dem Völkerbund noch nicht gelöst werden, so wurde am 4. Juli 1937, mit diplomatischer Unterstützung Großbritanniens, ein Grenzvertrag zwischen den beiden Ländern geschlossen,[127] der sowohl vor dem Hintergrund von Mussolinis Besetzung Äthiopiens 1936, welcher die Länder des Mittleren Ostens weiter zusammenführte, als auch der innerstaatlichen Bemühungen der beiden Länder gesehen werden muss. Beide Länder machten substantielle Konzessionen. Der Iran akzeptierte mit einigen Modifizierungen das Protokoll von Konstantinopel[128] welches es vormals für ungültig erklärt hatte, während der Irak das Prinzip des Talweges an einigen Punkten akzeptierte. In Anbetracht des Jahrhunderte alten Grenzkonfliktes um den Schatt el'Arab war der Vertrag von 1937 ein beachtlicher Erfolg und ermöglichte den Abschluss des so genannten Saadabad-Paktes, der seit Monaten in Verhandlung war und nur vier Tage nach dem Abschluss des Grenzvertrages unterzeichnet wurde.

Am 8. Juli 1937 schlossen Afghanistan, die Türkei, der Irak und der Iran im Palast Saadabad des Schahs in Norden Teherans mit dem Saadabad-Pakt oder auch der „Oriental Entente"[129] einen seit Ende der 1920er geplanten Nichtangriffspakt. In der Präambel erklärten die vier Staaten, sie seien „actuated by the common purpose of ensuring peace and security in the Near East by means of additional guarantees within the framework of the Covenant of the League of Nations."[130] Der Pakt verpflichtete sie zur Achtung der Grenzen, friedlicher Beilegung von Konflikten, Konsultationen in internationalen Auseinandersetzungen von gemeinsamem Belang und Maßnahmen gegen subversive, anderen Mitgliedern des Paktes feindlich gesinnte Gruppen. Außerdem sollte ein ständiger Rat gegründet werden,

---

Vertrag von Erzerum festgeschrieben worden. Da der damalige persische Gesandte Änderungen unterzeichnet hatte, für die er keine Instruktionen hatte, erklärte die persische Regierung ihrerseits den Vertrag von Erzerum in Bezug auf die Shatt al'Arab-Frage für nicht gültig. Vgl. Bakhash, The Troubled Relationship: Iran and Iraq, S. 13.

126 Persien erklärte den Vertrag von Erzerum und die darauf basierenden Protokolle von Teheran (1911) und Konstantinopel (1913) für ungültig und bestand auf dem Prinzip des Talweges. Der Irak sah seine Grenzen verletzt und das irakische Hoheitszeichen auf dem Shatt al'Arab durch persische Kriegsschiffe missachtet. Vgl. Ramazani, The Foreign Policy of Iran, S.224.

127 Der Jahrhunderte lange Grenzstreit um den Schatt el-Arab war damit jedoch nicht beendet. 1975 trafen der Sohn Reza Pahlavis, Mohammad Reza Pahlavi und Saddam Hussein in Algier eine Regelung, die erst am 1. März 2008 bei einem Besuch Präsident Mahmud Ahmadinedschads in Bagdad von beiden Seiten bestätigt wurde. Vgl. Rudolph Chimelli, Alte Feine, neue Freunde, in: Süddeutsche Zeitung, 03.März 2008, S.4.

128 Vgl. Ramazani, The Foreign Policy of Iran, S.224.

129 D. Cameron Watt, The Saadabad Pact of 8 July 1937, in Uriel I. Dann (Hg.), The Great Powers in the Middle East, Tel Aviv 1988, S.333.

130 Hurewitz, The Middle East and North Africa in World Politics, Bd.2, S.509. Das komplette Dokument ist bei Hurewitz abgedruckt, S.509-510.

der die Bemühungen der Mitglieder um einen wechselnden Sitz im Völkerbundsrat unterstützen sollte. Der Iran wurde wegen seines Engagements um diesen Pakt als erster Kandidat unterstützt und erhielt im September 1937 einen Sitz.[131] Außer dieser Bestimmung beinhaltete der Saadabad-Pakt keine gemeinsamen Verpflichtungen, die sich nicht schon in den mehr als zehn bilateralen Verträgen, die der Iran zwischen 1921 und 1937 mit seinen Nachbarstaaten geschlossen hatte, gefunden hätten.[132] Er markierte jedoch den ersten Versuch, einen Sicherheitspakt im Mittleren Osten zu bilden, der auf die Länder eben dieser Region beschränkt war. Zudem war ein Ziel, durch diesen Pakt innerhalb des Völkerbundes als regionaler Block zu agieren. Watt nennt ihn daher den Vorläufer der heutigen asiatischen und afrikanischen Blöcke in den Vereinten Nationen.[133] Die Erklärungen für diesen Pakt variieren. Kirk betrachtet ihn als Folge des bedrohten *Status quo* durch den Aufstieg Italiens zur aggressiven militärischen Macht,[134] Lenczwoski als impliziten Akt gegen die Sowjetunion und dessen Infiltrierung der Region,[135] die persische Motivation für den Pakt benennt Watt wiederum als „substitute for empire".[136] Wenn auch die Interpretationen dieses Paktes je nach Blickwinkel und Argumentation von einander abweichen, innerhalb des Rahmens iranischer Nachbarschaftspolitik kann folgendes festgehalten werden: Die Nichtangriffs-Klausel, Neutralität und die Unverletzlichkeit der gemeinsamen Grenzen waren zwar schon in den vorangegangen bilateralen Verträgen festgesetzt worden und der Saadabad-Pakt, wie Bakhash es formuliert „while never formally abrogated, [it] simply faded away."[137] Dennoch war er für die vier Staaten das erste regionale Abkommen dieser Art und bedeutete bis dato den Höhepunkt ihrer Solidarisierung. Als Folge beiseite gelegter Grenzstreitigkeiten, zum Ziele der Stärkung der Region und als Vorläufer des Bagdad-Paktes (ab 1959 CENTO) ist der Saadabad-Pakt daher in jedem Fall erwähnenswert.

Reza Schahs Nachbarschaftspolitik suchte in Abkehr von der traditionell eher aggressiven Nachbarschaftspolitik Persiens seit dem 16. Jahrhundert die bestehenden Konflikte zu lösen. Durch Annäherung an die drei muslimischen Nachbarländer sollte die Region gestärkt und damit indirekt die Abhängigkeit von dem übermächtigen Nachbarn im Norden und von Großbritannien verringert werden. Das Jahrhunderte während Grenzproblem mit der Türkei wurde 1932 mit dem Grenzvertrag *ad acta* gelegt, die Grenzstreitigkeiten mit Afghanistan durch ein Schiedsver-

---

131 Vgl. Ramazani The Foreign Policy of Iran, S.273.
132 Vgl. ebd., S.275.
133 Vgl. Watt, The Saadabad Pact of 8 July 1937, S. 333.
134 Vgl. George E. Kirk, A Short History of the Middle East, Washington 1949, S.280.
135 Vgl. George Lenczowski, The Middle East in World Affairs, Ithaca 1956, S.524.
136 Vgl. Watt, The Saadabad Pact of 8 July 1937, S. 348. Er schreibt, dass Afghanistan und Irak dem Pakt beitraten, um iranischen Irredentismus einzudämmen, während bei der Türkei die Gründe in ihren Beziehungen zu Europa und dem Mittelmeerraum zu suchen waren. Vgl. ebd., S.348-349.
137 Bakhash, The Troubled Relationship: Iran and Iraq, S.14.

fahren entschieden und der für Persien nachteilige Ausgang vom Schah akzeptiert. Die lang verhandelte Frage des Helmand Flusses wurde durch den 1938 entstandenen Vertrag vom Iran ratifiziert. Die Konflikte mit dem Irak um aufständische Kurden und Nomadenstämme wurden durch beiderseitiges Entgegenkommen entschärft und die Jahrhunderte alte Grenzfrage am Schatt el'Arab vorerst mit dem Vertrag von 1937 beiseite gelegt. Ferner wurde bei Reza Schahs offiziellem Besuch in der Türkei ein neues Selbstbewusstsein und Selbstverständnis demonstriert: die Staaten des Mittleren Ostens bemühten sich nun, ebenfalls nach den Regeln der internationalen Diplomatie zu spielen. Vor diesem Hintergrund ist auch der Saadabad-Pakt zu betrachten, dessen Bestimmungen zwar zum größten Teil schon in bilateralen Verträgen festgesetzt worden waren, der aber den Mitgliedsstaaten im Völkerbund mehr Gewicht verleihen sollte und – wenn auch nur symbolisch – eine Stärkung der regionalen Zusammenarbeit signalisieren sollte. Die bilateralen Abkommen, der Saadabad-Pakt und die Verpflichtung des Iran zu friedlichen Lösungen internationaler Dispute markierten eine eindeutige Abkehr von traditioneller iranischer Nachbarschaftspolitik, und die Hinwendung zu den Nachbarstaaten Türkei, Afghanistan und Irak hatte abermals einen von Großbritannien und der Sowjetunion unabhängigen Iran zum Ziel.

2.3 Persien, die Großmächte und die Politik der dritten Macht

Mit der graduellen Stabilisierung des Landes nach dem Staatsstreich 1921 suchte die persische Regierung eine zunehmende politisch-ökonomische Loslösung von der Sowjetunion und Großbritannien, die parallel zu der erwähnten Annäherung an die Saadabad-Mächte in der Region verlief. Die Emanzipation sollte durch die Einbindung einer dritten Macht in die Industrialisierungsbemühungen Persiens und den Handel vollzogen werden. Vor allem letzterer begründete die traditionelle Abhängigkeit Persiens von Russland bzw. der Sowjetunion.

2.3.1 Persiens Sowjetpolitik 1921 bis 1939

Moskau hatte, zurückgehend auf den Vertrag von Turkmanchai von 1838, eine wirtschaftliche Vormachtstellung in Persien inne und vor allem den Norden des Landes wirtschaftlich „kolonialisiert". Das Fehlen einer funktionierenden Infrastruktur führte dazu, dass es für Nord-Persien, mit seiner ertragreichen Landwirtschaft das Herzstück der persischen Handels, einfacher war, Güter in die Sowjetunion zu transportieren, als in andere persische Provinzen.[138] So gab es Anfang der 1920er keine Alternative zu einer Wiederaufnahme des Handels mit der Sowjetunion. Zwar annullierte die Sowjetunion im Januar 1918 das anglo-russische Teilungs-

---

138   Vgl. Bruce R. Kuniholm, The Origins of the Cold War in the Near East: Great Power Conflict and Diplomacy in Iran, Turkey, and Greece, Princeton 1994, S.136

abkommen von 1907[139] und im Juni 1919 alle zaristischen Verträge und Konzessionen[140] und symbolisierte damit den Bruch mit der zaristischen Politik in Persien,[141] doch die sowjetische Persien-Politik von der zaristischen tatsächlich zu differenzieren, gestaltete sich in der Folgezeit sehr schwierig. Wurden die Weißgardisten auch 1917 aus Persien abgezogen, marschierten im Mai 1918 sowjetische Truppen in Nord-Persien ein, infolge einer antibolschewistischen Militäroperation Großbritanniens in Transkaukasien. Diese würden das Land nicht verlassen, solange noch britische Truppen dort stationiert waren. Zudem unterstützten sie im Juni 1920 im Zuge des sowjetischen Revolutionsexports die Eroberung der Nordprovinz Gilans durch die *Djangal*-Bewegung[142] unter Mirza Kuchek Khan und die Kommunistische Partei Irans, welche zur Gründung der *Persischen Sozialistischen Sowjetrepublik Gilan* führte.[143] Zur angemessenen Bewertung der persischen Sowjetpolitik in den 1920ern ist die Betrachtung dieser Begleitumstände unerlässlich. Am 26. Februar 1921, fünf Tage nach dem *coup d'état*, unterzeichnete die neue Regierung unter Beteiligung Reza Khans einen persisch-sowjetischen Freundschaftsvertrag, der diese Beziehungen bis zum Ende der Regierungszeit Reza Schahs prägen sollte.[144] Zwar bestätigte der Vertrag erneut die Annullierungen der zaristischen Verträge und Konzessionen, erließ Persien seine Schulden und die insgesamt 26 Artikel gestalteten sich für den südlichen Partner zum größten Teil positiv. Allerdings räumte der Artikel 6 dieses Vertrages der Sowjetunion das Recht ein, in Persien einzumarschieren, sollte eine dritte Macht es als Basis für anti-sowjetische Aggressionen nutzen, welcher die persische Regierung (nach sowjetischer Einschätzung) nicht Herr würde. Die persische Regierung wollte sich zu diesem Zeitpunkt durch den Vertrag mit Moskau dem Einfluss Großbritanniens erwehren: Whitehall hatte nicht nur Truppen in Persien stationiert, sondern es versuchte auch seit 1919, Persien in ein britisches Protektorat zu verwandeln.[145] Mit dem persisch-sowjetischen Freundschaftsvertrag von 1921 ging Teheran eine gewagte Bindung ein; vorerst wurde die Situa-

---

139 Für das komplette Dokument siehe Dmytryshyn/Cox, The Soviet Union and the Middle East, S.244-245.

140 Vgl. ebd., S.246-249.

141 Vgl. Heinz Glaesner, Das Dritte Reich und der Mittlere Osten. Politische und wirtschaftliche Beziehungen Deutschlands zur Türkei 1933-1939, zu Iran 1933-1941 und zu Afghanistan 1933-1941,Würzburg 1976, S.167-168.

142 Die *Nehzat-e Djangal* („Waldbewegung"), die sich während der Oktoberrevolution radikalisiert hatte, war eine national-demokratische Bewegung in der Provinz Gilan, die in den Jahren 1915-21 in einem bewaffneten Kampf mit der Zentralregierung stand. Die Sozialdemokraten, die die konstituierende Arbeiterbewegung repräsentierten, schlossen sich dieser Bewegung an. Der Kampf gegen Großbritannien wurde zur wichtigsten Aufgabe der *Djangal*-Bewegung erklärt. Vgl. Bijan Djazani, Klassenkämpfe im Iran, Berlin 1976, S. 21.

143 Sie war gestützt auf die russische Kaspiflotte und 2.000 Rotgardisten unter einem russischen Militärgouverneur. Vgl. Ramazani, The Foreign Policy of Iran, S.189-190.

144 Für den Vertrag siehe Hurewitz, The Middle East and North Africa in World Politics, Bd.2, S.240-245 oder auch Dmytryshyn/Cox, The Soviet Union and the Middle East, S.260-271.

145 Siehe dazu Kapitel 2.3.2.

tion jedoch entschärft. Durch diplomatischen Druck von Seiten Persiens[146] verließen die sowjetischen Truppen den Norden Persiens am 30. Oktober 1921. Die Republik Gilan wurde ein Jahr nach ihrer Gründung durch militärischen Druck des damaligen Kriegsministers Reza Khan und seiner stetig wachsenden Armee wieder aufgelöst und die Streitkräfte der *Djangali*-Bewegung vertrieben.[147] Und obwohl ein neues Handelsabkommen zwischen Teheran und Moskau aufgrund fehlenden Konsenses nicht zustande kam, betrug der persische Export in die Sowjetunion 1924 wieder 40% der Gesamtausfuhren.[148]

Nach Rezas Thronbesteigung formte sich seine Außenpolitik gegenüber der UdSSR aus zwei zusammenhängenden Ansätzen: Er schloss zeitlich begrenzte Handelsverträge mit der Sowjetunion, um den Handel wieder anzukurbeln und suchte gleichzeitig, innere Konditionen im Land herbeizuführen, welche letztendlich eine wirtschaftliche Unabhängigkeit bewirken würden. Die *ad hoc*-Vereinbarungen spielten demnach auf Zeit, während die langfristigen Pläne Persien wirtschaftlich so autark wie möglich von der Übermacht der Sowjetunion machen sollten.[149]

Am 1. Oktober 1927 wurde ein Handelsabkommen geschlossen, dessen wichtigste Punkte das „Netto-Balance"-Prinzip, welches ausgeglichene Handelsströme gewährleisten sollte, die Immunität der Handelsdelegationen und das beiderseitige Transitrecht waren.[150] Doch nutzte die Sowjetunion stetig ihre Überlegenheit, um wirtschaftlichen Druck auf Persien auszuüben. Persischen Händlern wurde der Transit für Güter aus Drittländern, trotz entsprechender Vereinbarungen, untersagt und das Handelssystem gestaltete sich für sie daher äußerst nachteilig. Zwar wurde durch die zeitlich begrenzten Verträge eine gewisse Ordnung in das Handelsverhältnis mit der Sowjetunion eingeführt, die Persien immerhin besser dastehen ließ als zuvor,[151] Persien hatte jedoch allen seinen Handelspartnern gegenüber ein Handelsdefizit. Dies führte dazu dass der Hofminister Timurtasch im Februar 1931 ein Gesetz einführte, welches den Außenhandel verstaatlichte. Das Gesetz hatte im Wesentlichen zum Ziel, den Geldwert bestimmter Export- und Importartikel festzusetzen, um neue persische Industrien vor der ausländischen Konkurrenz zu schützen, das riesige Handelsdefizit auszugleichen und die Folgen der Weltwirtschaftskrise für Persien zu mildern. Im März 1930 war bereits der auf dem Silberstandard basierende persische *Qeran* durch den auf den Goldstandard gestützten

---

146 Dem ersten offiziellen sowjetischen Gesandten Theodore Rothstein wurde am 7. April 1921 die Weiterfahrt nach Teheran nur unter der Prämisse des Abzuges der russischen Truppen erlaubt.

147 Vgl. Ramazani, The Foreign Policy of Iran, S.189-196.

148 Vgl. ebd., S. 196.

149 Vgl. ebd., S.218.

150 Für den vollständigen Text siehe Degras, Soviet Documents on Foreign Policy, Bd.2, S.255-269 oder Dmytryshyn/Cox, The Soviet Union and the Middle East, S.293-310.

151 Vgl. Ramazani, The Foreign Policy of Iran, S.223 oder L.P. Elwell-Sutton, Modern Iran, London 1942, S.162-163.

Rial ersetzt worden, der den Kollaps der Währung verhindern und die leeren Staatskassen durch mehr Export und weniger Import füllen sollte.[152] Gleichzeitig wurde die erwähnte Industrialisierung des Landes zum Zwecke der Emanzipierung von der Sowjetunion vorangetrieben. So wurde der Bau der Transiranischen Eisenbahn beschleunigt, der die traditionelle wirtschaftliche Abhängigkeit Nordpersiens von sowjetischen Zulieferungen und Märkten verringern sollte.[153] Es wurden zudem 1931 unter anderem mehrere Textilspinnereien in der Nähe von Teheran gebaut, die dazu führten, dass die jährliche Einfuhr an Baumwollgütern von ungefähr 21 Millionen Rubel 1930 auf ungefähr 8,5 Millionen Rubel im Jahr 1932 fiel.[154]

Auf politischer Ebene wurde am 1. Oktober 1927 ein Sicherheits- und Neutralitätsvertrag unterzeichnet, dessen Kernpunkte aus einem Nicht-Angriffspakt und Nichtintervention in interne Angelegenheiten bestanden.[155] Der Artikel 6 des persisch-sowjetischen Freundschaftsvertrages von 1921 hing allerdings weiterhin wie ein Damoklesschwert über Persien. Daher hatte Teheran, nachdem die bei Vertragsabschluss 1921 gegebenen Gefahren - namentlich die Besetzung durch britische und sowjetische Truppen - gebannt waren, größtes Interesse daran, diesen Artikel zu beseitigen. Die Sowjetunion schien 1935 unter dem Eindruck des Eintrittes in den Völkerbund ein Jahr zuvor sogar tatsächlich gewillt, den Artikel in einem von beiden Staaten ratifizierten Protokoll für ungültig zu erklären. Besagte Ratifizierung wurde jedoch aus unbekannten Gründen nicht durchgeführt.[156] Man kann davon ausgehen, dass Moskau diese wichtige Karte nicht leichtsinnig aus der Hand gab und somit der für Persien so bedrohliche Artikel 6 weiterhin Bestand hatte.

Nach dem Tod des pro-sowjetischen Timurtasch 1933[157] suchte Reza Schah einerseits die freundliche aber standhafte Politik gegenüber der Sowjetunion aufrechtzuerhalten – unter anderem um von Moskauer Seite keine Fragen über Timurtaschs Tod zu provozieren. Gleichzeitig stieg der Handel mit dem Deutschen Reich in hohem Maße und deutsches und US-amerikanisches Interesse am Ölvorkommen Nordpersiens, das nicht unter die britische D'Arcy-Konzession fiel,[158] wurde gefördert,[159] während Moskaus Bemühungen in diesem Bereich außer Acht gelassen wurden. Teheran hatte größeres Interesse daran, diese Konzession an das Deutsche Reich zu vergeben, obwohl der Artikel 13 des persisch-sowjetischen Freundschaftsvertrages von 1921 die Vergabe von Konzessionen vormals russischer Staatsbürger an ausländische Mächte untersagte.[160] Zwar kam es in diesem Fall zu

---

152 Vgl. Ramazani, The Foreign Policy of Iran, S.212-214.
153 Vgl. ebd. S.229-230.
154 Vgl. ebd. S.228.
155 Vgl. Dmytryshyn/Cox, The Soviet Union and the Middle East, S.314-317. Siehe dazu auch Kapitel 3.1.1.
156 Vgl. Ramazani, The Foreign Policy of Iran, S.237.
157 Vgl. Kapitel 2.1.
158 Vgl. Kapitel 2.3.2.
159 Vgl. Rezun, The Soviet Union and Iran, S.320.
160 Vgl. ebd., S.234 und S.320-321.

keiner Konzessionsvergabe, doch deuteten Reza Schahs Bemühungen, dem hohen Einfluss Moskaus durch den steigenden Handel mit dem Deutschen Reich zu begegnen, auf das Leitmotiv der iranischen Außenpolitik hin.

2.3.2 Persiens Großbritannienpolitik 1921 bis 1939

Die Beziehungen zu Großbritannien bestimmten Anfang der 1920er vor allem die endgültige Klärung des Anglo-Persischen Vertrages vom 9. August 1919,[161] durch den Persien faktisch in ein britisches Protektorat verwandelt und damit die britische Vormachtstellung Großbritanniens besiegelt werden sollte.[162] Der Vertrag sah unter anderem vor, dass britische Finanz- und Militärberater, auf Kosten der persischen Regierung, zusammen mit ihrer Entourage die Kontrolle über die Finanzen und das Militär Persiens übernehmen sollten. Die völlig geheim gehaltenen Verhandlungen, die dem Vertrag vorangegangen waren, ihr schwer verdaulicher Inhalt, sowie die Tatsache, dass der Premierminister Hassan Vossugh ed-Doleh, der Außenminister Prinz Firuz Mirza Nosrat-ed Doleh und der Finanzminister Prinz Akbar Sarem ed-Doleh von London gut 130 000 Pfund nach der Unterzeichnung erhalten hatten, führten zu einem Sturm der Entrüstung nicht nur seitens der persischen Bevölkerung sondern auch der USA, Frankreichs und Sowjetrusslands.[163] Der Vertrag wurde nach dem Staatsstreich 1921 in der ersten Regierungserklärung des neuen Premiers Sayyid Zia al-Din annulliert und die Ratifizierung durch das Parlament niemals vollzogen.[164] Ein weiterer von den Vorgängern übernommener Konflikt betraf die südwestliche Provinz Khuzestan, die vom Stammesführer der Bakhtiaren, Sheikh Khaz'al, de facto unabhängig regiert wurde. Dass dieser dabei von Großbritannien zum Schutze der britischen Ölfelder unterstützt wurde,[165] machte die Sache für Teheran prekär. Im Dezember 1921 stellte Kriegsminister Reza Khan unter Kämpfen die Autorität der Zentralgewalt im Süden Persiens wieder her und rang damit Großbritannien Khuzestan ab, welches diese vermeintliche Niederlage hinnahm, da für London zu diesem Zeitpunkt eine starke Zentralgewalt Priorität vor der traditionellen Unterstützung der Bakhtiaren hatte.[166] Die gewünschte politische und wirtschaftliche Emanzipation von Großbritannien, das vor allem im Süden Persiens großen Einfluss besaß, wurde in den 1920ern durch die so genannte *hands-*

---

161   Für das komplette Dokument siehe Hurewitz, The Middle East and North Africa in World Politics, Bd.2, S.182-183.

162   Vgl. Benjamin Shwadran, The Middle East, Oil and the Great Powers, New Brunswick 1973, S.22.

163   Vgl. Homa Katouzian, The Campaign against the Anglo-Iranian Agreement of 1919, in: British Journal of Middle Eastern Studies 25, 1 (Mai, 1998), S.7.

164   Vgl. Makki, Tarikh-e Bistsale-ye Iran, Bd.I, S.47-48.

165   Vgl. Ramazani, The Foreign Policy of Iran, S.197.

166   Vgl. ebd., S.203. Siehe dazu auch Kapitel 3.2.1.

off policy der britischen Regierung begünstigt.[167] Dennoch hatte Großbritannien, nach der russischen Oktoberrevolution zur größten Macht in Persien aufgestiegen, einige Interessen, die es nicht aufzugeben gedachte und die mit der nach Eigenständigkeit zielenden Außenpolitik Reza Schahs, die Hirschfeld eine Politik der „kleinen Nadelstiche" nennt,[168] zwangsläufig kollidieren mussten. Dazu gehörte die unilaterale Aufkündigung der britischen Kapitulationsrechte durch Persien, die Frage der D'Arcy-Öl-Konzession und die Bildung einer persischen Nationalbank als Gegenstück zur britischen Imperial Bank of Persia.

Die für Persien entwürdigenden Kapitulationsrechte bedeuteten, dass britische Staatsbürger von der persischen Jurisdiktion ausgenommen wurden.[169] Im Zuge des neuen persischen Selbstbewusstseins wurden diese daher 1928 annulliert und der Vorgang, wie Zirinksky schreibt, London als *fait accompli*, präsentiert.[170] Um Persiens zweiten mächtigen Nachbarn Großbritannien, der durch seine Position in Indien, dem Persischen Golf und auch im Irak territorial an Persien angrenzte und die größte ausländische Gruppe in Persien stellte, jedoch nicht gegen sich aufzubringen, waren im Vorfeld sowohl mildernde Maßnahmen getroffen als auch Druckmittel benutzt worden. Wurde die Jurisdiktion nach westlichem Vorbild modernisiert und die *Sharia* als Gesetzeskörper abgelöst,[171] schob die *Majlis* jedoch gleichzeitig die Ratifizierung eines Wegerechts für Großbritannien auf. Diese brauchte Whitehall dringend für die Fertigstellung ihrer Flugstrecke nach Indien und stimmte daher einem Zolltarif zu, der doppelt so hoch war wie der von 1927. Der hohe Zolltarif betraf jedoch nur die Länder, die noch keine neuen Verträge mit Persien geschlossen hatten, der Abschluss ebendieser wiederum verlangte nach der Aufhebung der Kapitulationsrechte.[172] Auf diese Weise Großbritannien das Kapitulationsrecht genommen, ohne es langfristig zu erzürnen.

Weiterhin machte die persische Regierung 1928 mit der Gründung der Nationalbank (Bank-e Melli) der britischen Imperial Bank of Persia den Status als Staatsbank streitig. Die Imperial Bank war 1889 auf Grundlage einer Konzession der persischen Regierung in London als Staatsbank gegründet worden mit dem exklusiven Recht auf die Ausgabe von Banknoten über einen Zeitraum von 60 Jahren.[173] Sie hatte im Jahr 1928 24 Zweigstellen in Persien und neben ihrer Funktion als Staatsbank waren ihre Aufgaben unter anderem Handelsfinanzierung und der Devisenhandel. Das von Timurtasch eingeführte Außenhandelsmonopol 1931, Devisen-

---

167 Vgl. Yair P. Hirschfeld, The Northern Tier in European Politics during the 1920s and 1930s: Prelude to Cold War, in: Dann, The Great Powers in the Middle East, S.320-321.

168 Vgl. Hirschfeld, Deutschland und Iran im Spielfeld der Mächte, S.71.

169 Die Sowjetunion hatte die Kapitulationsrechte 1917 abgegeben.

170 Vgl. Zirinsky, Riza Shah's Abrogation of Capitulations, S.89.

171 Vgl. Kapitel 2.1.

172 Vgl. Ramazani, The Foreign Policy of Iran, S.243-246.

173 Vgl. Geoffrey Jones, The Imperial Bank of Iran and Iranian Economic Development, 1890-1952,http://www.hnet.org/~business/bhcweb/publications/BEHprint/v016/p0069-p0082.pdf,S.69-70 (Zugriff: 12.8.2010).

kontrollen und Tauschverträge zentralisierten das Devisengeschäft und beschädigten den lukrativen Geschäftszweig der Außenhandelsfinanzierung der Imperial Bank. 1933 musste die Imperial Bank of Persia schließlich das Recht auf die Ausgabe von Banknoten an die Bank-e Melli abtreten, welche ihr schnell den Rang ablief, so dass die Imperial Bank in den 1930ern die Hälfte ihrer Filialen schließen musste und 1939 lediglich 9% der iranischen Einlagen hielt. Zwar muss hinzugefügt werden, dass die Bank Gelegenheiten, an der iranischen Industrialisierung teilzunehmen, abwies, da wie Jones schreibt „[...] the Bank went into a corporate sulk."[174] Das Durchschnittsalter der sieben Vorstandsmitglieder, die wohl kaum Sympathien für das „neue" Iran hegten, lag bei 71 Jahren.[175] Allerdings muss auch hier das aus Sicht Whitehalls provozierende Moment der persischen Politik hervorgehoben werden.

Die britische Reaktion bestand in einer unnachgiebigen Haltung in für London wichtigen Belangen bei gleichzeitiger Reduzierung des Engagements in der Region auf ein Minimum. Diese Unnachgiebigkeit zeigte sich besonders in der Frage der D'Arcy-Öl-Konzession,[176] die für Großbritannien das Schlüsselelement seiner Position in Persien darstellte. Die Konzession sicherte London den Löwenanteil an Persiens wertvollster Ressource und machte die Anglo-Persian Oil Company (APOC) – ab 1935 Anglo-Iranian Oil Company (AIOC) – deren größter Anteilseigner seit 1914 die britische Regierung war, zum größten Arbeitgeber im Land und zu einem Staat im Staate.[177] William K. D'Arcy, einem britischen Bürger, wurde 1901, sieben Jahre bevor Öl in großen Mengen im Südwesten Persiens entdeckt wurde, eine Konzession für einen Zeitraum von 60 Jahren gewährt. Sie enthielt das Exklusivrecht, nach Öl zu bohren, die Ölfelder auszubeuten und das Öl als einzige Macht zu transportieren. Die Konzession galt für ganz Persien außer für die fünf nördlichen, an Russland grenzenden Provinzen und sicherte der persischen Regierung einen Gewinnanteil von 16% zu.[178] Die Ölinstallationen und -leitungen in Khuzestan und die Raffinerie in Abadan, die den größten Industriekomplex im Mittleren Osten darstellten, bedeuteten für Reza Schah zwar einerseits hohe Einkünfte, auf der anderen Seite riefen die riesigen britischen Anlagen im Süden Persiens jedoch nationale Frustration und Misstrauen hervor.[179] Die Ölproduktion hatte in Persien 1911 begonnen und brachte der persischen Regierung zwischen 1921 und 1931 umgerechnet 60 Millionen und zwischen 1931 und 1941 125 Millionen Dollar ein. Demnach zahlte die APOC/AIOC in den Reza Schah-Jahren Royalties

---

174 Jones, The Imperial Bank of Iran and Iranian Economic Development, 1890-1952, S.71.
175 Vgl. ebd., S.71-72.
176 Für den Vertrag siehe Hurewitz, The Middle East and North African World Politics, Bd.1, S.482-484.
177 Vgl. Foran, Fragile Resistance, S.245.
178 Vgl. Mohammad Malek, Oil in Iran between the two World Wars, in: Martin, Anglo-Iranian Relations since 1800, S.128.
179 Vgl. R.W. Ferrier, Anglo-Iranian Relations iii. Pahlavi Period, in: Encyclopaedia Iranica, http://www.iranica.com/articles/anglo-iranian-relations-iii (Zugriff: 07.10.2010).

in Höhe von 185 Millionen Dollar, der auf der Seite des Unternehmens ein Gewinn von fünf Milliarden Dollar gegenüberstand, (die Gewinne der Tochtergesellschaften nicht inbegriffen). Der Iran erhielt also gut 8% des vom Öl-Unternehmen kalkulierten Gewinns, obwohl ihm laut den Bestimmungen der D'Arcy-Konzession 16% zustanden.[180] Wurde besagte Konzession auch oft in Iran verdammt, in einem Weltbankbericht heißt es: „The terms of the agreement – if carried out in good faith by the concessionaire – were very favorable, and in fact no better terms have since been offered to Iran."[181] Im Gegenzug zu dem D'Arcy gestatteten Aufbau einer Ölindustrie in Persien, für den die persische Regierung weder das technische Know-how noch das nötige Kapital besaß, standen Teheran 10% Anteilbesitz und die erwähnten 16% des Gewinns zu. Über einen Zeitraum von 60 Jahren würde der Konzessionsinhaber 75% des Gewinns erzielt haben und 1961 hätte der Iran Besitz und Kontrolle des Eigentums übernommen.[182] Dass die Konzessionsinhaber der APOC/AIOC die Bestimmungen, die sie als zu liberal für den Iran empfanden, eben nicht gewissenhaft ausführten, indem sie unter anderem Tochterfirmen gründeten um den Gewinn des eigentlichen Unternehmens auf dem Papier zu verringern und unkorrekte Geschäftsbücher führten,[183] förderte das anti-britische Klima in Persien und führte schließlich zu Reza Schahs Annullierung der D'Arcy-Konzession im November 1932. Dieser Annullierung, ausgelöst durch die dramatisch gesunkenen Öleinnahmen der persischen Regierung 1931 in Folge der Weltwirtschaftskrise, waren Verhandlungen über einen Zeitraum von vier Jahren zwischen der APOC durch ihren Vorsitzenden Sir John Cadman und der persischen Regierung in Person des Hofministers Abdul Hassan Timurtasch über mögliche Modifizierungen der Konzession vorangegangen.[184] Die vereinbarte Konzession vom 26. April 1933, bedeutete unter anderem eine Reduzierung des britischen Ölgebietes auf 100.000 Quadratmeilen, die Annullierung des britischen Exklusivrechtes für den Öltransport und damit die Möglichkeit der Konzessionsvergabe im Südwesten Persiens an andere Mächte. Außerdem wurde der persische Anteil am Gewinn von 16% auf 20% erhöht und APOC musste nun 4% Steuern an den persischen Staat entrichten.[185] Allerdings waren diese Änderungen vergleichsweise geringfügig in Anbetracht des immer noch hohen Gewinns auf Seiten des Unternehmens. Weiterhin hatte sich die Laufzeit erneut um 60 Jahre bis 1993 verlängert, das heißt die APOC war der drohenden Übergabe ihrer Installationen an den persischen Staat im Jahre 1951 entgangen und hatte somit trotz des seit 1928 stetigen Drucks der persischen Regierung ein durchaus zufrieden stellendes Abkommen ausgehandelt. Das Vorgehen des persischen Monarchen im Zuge der Sicherung nationaler Interessen im Erdölgeschäft hatte demnach nur mäßigen Erfolg. Da

---

180   Vgl. Majd, Great Britain and Reza Shah, S.240.
181   World Bank, „Nationalization of the Iranian Oil Industry," 2, zitiert in ebd., S.241.
182   Vgl. ebd.
183   Vgl. ebd., S.243.
184   Vgl. Ferrier, Anglo-Iranian Relations, S.53.
185   Vgl. Malek, Oil in Iran between the two World Wars, S.132.

London zu diesem Zeitpunkt das Erdölgeschäft als Kern seiner Persienpolitik betrachtete und eine Einmischung in den Arbeitsprozess des Unternehmens nicht zuließ, war der persische Spielraum äußerst begrenzt. Persien war alleine nicht in der Lage, das Erdöl zu gewinnen, geschweige denn, es zu transportieren um es schließlich auf dem Weltmarkt zu verkaufen.[186] Vor diesem Hintergrund wurde die neue Konzession daher trotz der für Persien nachteiligen Verlängerung der Konzession als Erfolg verkauft und Reza Schahs unilaterale Kündigung der Konzession als Zeichen des neuen persischen Selbstbewusstseins gewertet.

2.3.3 Persien und die dritte Macht 1921 bis 1939

In seinen Bemühungen, die Abhängigkeit von Großbritannien und der Sowjetunion zu verringern, suchte Persien eine dritte Macht mit gewisser geographischer Distanz und politischem „Desinteresse" an Persien, welche als Gegengewicht zu potentiellen Zielen der beiden Großmächte, Einfluss und Kontrolle aufrechtzuerhalten beziehungsweise auszuweiten, dienen sollte und gleichzeitig finanzielle und administrative Hilfe zum Aufbau der persischen Wirtschaft beisteuern würde.[187] Die USA, die 1919 gegen den anglo-persischen Vertrag protestiert, Persien dazu ermuntert hatten, an der Pariser Friedenskonferenz 1919 teilzunehmen und vom Ruhm des immer noch hoch verehrten Finanzberaters von 1911, Morgan Shuster - „an incarnation of their own highest aspirations"[188] - zehrten,waren die erste Wahl.[189] Persien wünschte Investitionen zur Ölgewinnung aus den nördlichen (nicht unter die D'Arcy-Konzession fallenden) Provinzen, amerikanische Anleihen und technische Unterstützung und so wurde einer Finanzmission unter Dr. Arthur C. Millspaugh im November 1922 die Kontrolle über den persischen Haushalt und die Finanzverwaltung übergeben.[190] Die US-amerikanische Sinclair Consolidated Oil Corporation erhielt Öl-Konzessionen für einen Zeitraum von 50 Jahren (an deren Abschluss jedoch auch eine Auslandsanleihe in Höhe von 10 Millionen Dollar geknüpft war), um eine britische Monopolstellung über die Erdölressourcen zu verhindern.[191] Allerdings trat Sinclair Consolidated Oil Anfang 1925 die Konzession aufgrund britischen und dann sowjetischen Widerstandes wieder ab, welcher Sinclair den Transport persischen Öls über das Territorium der UdSSR auf den Weltmarkt unmöglich machte.[192] Zirinsky schreibt "Britain succeeded in keeping American fingers out of the Persian oil can."[193] Millspaughs Vertrag wurde 1927

186   Vgl. Ramazani, Foreign Policy of Iran, S.257.
187   Vgl. ebd., S.203.
188   Arthur C. Millspaugh, The American Task in Persia, New York 1973, S.13.
189   Vgl. Mahrad, Iran unter der Herrschaft Reza Schahs, S.27.
190   Vgl. Millspaugh, The American Task in Persia, S.20-21.
191   Vgl. Ramazani, The Foreign Policy of Iran, S.203-204.
192   Vgl. Shwadran, The Middle East, Oil and the Great Powers, S.77-78.
193   Zirinsky, Riza Shah's Abrogation of Capitulations, S.87.

nicht verlängert, da dessen Befugnisse und finanzielle Kontrolle über das Militär Reza Schah zu umfassend waren,[194] und die USA zogen sich aus ihrem Persien-Engagement zurück. So wandte sich die persische Regierung dem Deutschen Reich zu.

Das persisch-deutsche *rapprochement* vollzog sich in den 1920ern vor dem Hintergrund der von der iranischen Regierung geplanten Industrialisierung vor allem in einem wirtschaftlichen Rahmen. Die Weimarer Republik wollte es sich mit Großbritannien und der Sowjetunion wegen eines Nebenschauplatzes wie Persien nicht verderben und achtete daher in den 20er Jahren darauf, nicht wider politische Interessen Großbritanniens oder der Sowjetunion zu handeln. Dies hatte zur Folge, dass deren Unbehagen über ein deutsches Engagement zunehmend schwand und letzteres schließlich sogar als Katalysator der anglo-sowjetischen Machtbalance begrüßt wurde.[195] Nachdem die persische Regierung beschlossen hatte, bestimmte Konsumgüter im eigenen Land herstellen zu lassen - vorrangig handelte es sich um den Aufbau einer Zucker- und Textilindustrie - bot sich für Berlin die Möglichkeit, in das Persien-Geschäft einzusteigen, da es zum Aufbau einer Industrie Maschinen, Geräte und Spezialisten beisteuern konnte.[196] Bald war deutsches Geld und technische Unterstützung in fast jedem Industriezweig Irans zu finden, so waren beispielsweise die industriellen Ausrüstungen der Wollwebereien, der Tabakmanufakturen, der Zement- und Seidenfabriken, der Waffen- und Chemie-Fabriken zum größten Teil deutscher Herkunft.[197] Vor diesem Hintergrund schreibt Lenczowski, das Deutsche Reich sei der tatsächliche Begründer der jungen persischen Industrie gewesen.[198] Im Bereich des Transports und der Kommunikation wurde Berlin vor allem durch den Bau von Straßen, dem Bau des Eisenbahn-Abschnitts Bandar-Shahi in Nordpersien und Materiallieferungen für Südpersien ein wichtiger Partner.[199] 1927 erhielt die Junkers-Gesellschaft eine exklusive fünfjährige Konzession auf die inneren Luftlinien in Persien, Deutsche leiteten das persische Armee-Arsenal, deutsche Geologen erforschten Persiens Mineralschätze, deutsche Lehrer unterrichteten in Gewerbeschulen in Teheran und Schiraz und Ausgrabungen in Persepolis wurden von deutschen Archäologen durchgeführt.[200]

Nach Millspaughs erzwungenem Abzug 1927 wurde sein Posten mit dem Deutschen Dr. Otto Schniewind besetzt, 1928 wurde Dr. Kurt Lindenblatt Direktor der neu gegründeten Nationalbank (*Bank-e Melli*) und leitende Posten ebendie-

---

194 Er soll gesagt haben, es könne nur einen Schah geben, und der sei er. Vgl. ebd., S.89.

195 Vgl. Kapitel 3.3.1.

196 Vgl. Ahmad Mahrad, Die deutsch-persischen Beziehungen von 1918-1933, Frankfurt a.M. 1979, S.491.

197 Vgl. Abolfazl Adli, Außenhandel und Außenwirtschaftspolitik des Iran, Berlin 1960, S.183.

198 Vgl. George Lenczowski, Russia and the West in Iran, 1918-1948. A Study in Big-Power Rivalry, Westport 1968, S.153.

199 Vgl. Ramazani, The Foreign Policy of Iran, S.285.

200 Vgl. Hirschfeld, Deutschland und Iran im Spielfeld der Mächte, S.77.

ser Bank und ihrer diversen Filialen wurden an Deutsche vergeben.[201] Die Regierung sollte den deutschen Finanzexperten bei finanziellen Verpflichtungen, dem Aufstellen des Haushaltsplanes und dem Erteilen von Konzessionen konsultieren, dieser sollte jedoch dem iranischen Finanzminister unterstellt sein, und hatte demnach im Vergleich zu Millspaugh nur eine beratende Funktion.[202]

Nachdem das Deutsche Reich 1927/1928 seinen wirtschaftlichen Zenit in Persien erreicht hatte und die klassische Rolle der dritten Macht im Lande spielte, trübte sich das deutsch-persische Verhältnis aufgrund verschiedener Ereignisse zunehmend. Die Verschlechterung der sowjetisch-persischen Beziehungen,[203] die schlechte deutsche Wirtschaftslage und die zunehmende Besorgnis Großbritanniens über die Konkurrenz der von Deutschen geleiteten Nationalbank für die eigene Imperial Bank of Persia wirkten sich nachteilig für das Deutsche Reich aus. Als Folgen der Weltwirtschaftskrise wurden Pläne für wirtschaftliche Unternehmungen eingeschränkt, die Bauarbeiten des deutschen Eisenbahnsyndikats eingestellt und der Konzessionsvertrag von Junkers 1932 von der persischen Regierung aus Geldmangel nicht mehr erneuert. Dazu kam ein gegen den Schah gerichteter Pressefeldzug in der späten Weimarer Republik. Eine Gruppe persischer Studenten im Deutschen Reich, das „Aktionskomitee der Persischen Republikaner", verteilte Flugblätter mit dem Titel „Protest gegen das Terror-Regime des Reza Khan Pahlevi in Persien"[204], die Reza Schah unter anderem als Unterdrücker und Mörder darstellten, an die Herausgeber fast aller europäischen liberalen und linksgerichteten Zeitungen.[205] Dazu kam es mit der Gründung der persischen antimonarchischen Zeitung Peykar in Berlin zu der so genannten Peykar-Affäre[206], und am 4. Oktober 1931 erschien ein Reza Schah verhöhnender Artikel unter dem Titel „Der Kaiser ohne Herkunft" von Leo Matthias in der „Münchener Illustrierten Zeitung"[207]. All dies führte dazu, dass der Schah im Oktober 1931 die Abberufung des persischen Ge-

---

201 Vgl. Glaesner, Das Dritte Reich und der Mittlere Osten, S.183.
202 Vgl. Ramazani, The Foreign Policy of Iran, S.286.
203 Vgl. Kapitel 3.1.1.
204 Siehe dazu Ahmad Mahrad, Die deutsch-persischen Beziehungen von 1918-1933, Frankfurt u.a. 1979, S.314b-341d.
205 Vgl. Hirschfeld, Deutschland und Iran im Spielfeld der Mächte, S.111-112.
206 Die Zeitung Peykar wurde alle zwei Wochen in persischer Sprache veröffentlicht und 2000 bis 2500 Exemplare davon nach Persien geschickt. Die Artikel handelten u.a. von der Ausnutzung persischer Bauern und Arbeiter, der Folterung politischer Gefangener, dem Mangel an Freiheit und der Abhängigkeit des Schahs und seines Regimes vom britischen Imperialismus. Vgl. ebd., S.112.
207 In diesem Artikel schilderte Leo Matthias den Aufstieg Reza Schahs vom einfachen Soldaten zum Schah und berichtet unter anderem, dass dieser vor dem Ersten Weltkrieg als Soldat der persischen Kosakenbrigade ein Wachtposten bei der deutschen Gesandtschaft in Teheran gewesen war und der deutsche Gesandte einmal über das Benehmen Reza Khans in solchen Zorn geraten war, dass er ihn geohrfeigt hatte. Vgl. Mahrad, Die deutsch-persischen Beziehungen von 1918-1933, S.67-73.

sandten aus Berlin befahl.[208] Im so genannten Nationalbankskandal im Juni bis August 1932 schließlich deckten Untersuchungen in der Bank belastendes Material gegen Lindenblatt und seinen Vizedirektor Vogel auf, vor allem in Bezug auf Devisengeschäfte auf dem Schwarzmarkt, zweifelhafte Buchhaltungsmethoden und Geldabhebungen. Lindenblatt trat Anfang August 1932 zurück, Vogel flüchtete aus Persien und beging zwei Wochen später in einem Gefängnis in Beirut Selbstmord. Das Deutsche Reich hatte die Kontrolle über sein wichtigstes Instrument zur Einflussnahme, die Nationalbank, verloren.[209]

In Folge der Weltwirtschaftskrise wurden zudem von persischer Seite Industrialisierungspläne zurückgestellt, die besonders das Deutsche Reich trafen. Dies geschah vor dem Hintergrund sich verschlechternder Beziehungen mit Großbritannien, unter anderem aufgrund der von Deutschen geleiteten Nationalbank, und mit der Sowjetunion. Persien demonstrierte damit seine Bereitschaft, deutsche Interessen zugunsten derer der beiden Mächte zu opfern. Zudem belasteten die Konflikte um deutsche Pressefreiheit in den letzten Jahren der Weimarer Republik die Beziehungen, da sich besonders der Schah von den erschienen Artikeln angegriffen fühlte und von seiner persönlicher Haltung viel abhing. Er sah zwar in der Freundschaft mit Berlin das willkommene Gegengewicht zu Großbritannien und der Sowjetunion, allerdings musste diese Annäherung den Unbeständigkeiten der politischen und wirtschaftlichen Realitäten in Persien widerstehen, welche immer noch von den beiden Großmächten bestimmt wurden. Der Handel stieg zwar stetig,[210] und sollte die wirtschaftliche Abhängigkeit Persiens von der Sowjetunion verringern. Im Handelsjahr 1932/33 stellte der deutsche Anteil am persischen Außenhandel jedoch immer noch lediglich knapp 8% dar im Vergleich zum sowjetischen Anteil von 28%, dem britischen von 23%.[211]

Das Dritte Reich übernahm die relativ abgekühlten Beziehungen der Weimarer Zeit und nutzte die Jahrtausendfeier des persischen Dichters Ferdosi im Herbst 1934, um dem Schah zu schmeicheln und die deutsch-persischen Beziehungen zu verbessern.[212] Der Gesandte Wipert von Blücher brachte in seiner Rede die ge-

---

208   Nachdem der persische Herausgeber Morteza 'Alavi aus Preußen ausgewiesen und die Zeitung am 24. Oktober 1931 verboten wurde, wurde die Abberufung des persischen Gesandten in Berlin rückgängig gemacht. Vgl. Hirschfeld, Deutschland und Iran im Spielfeld der Mächte, S.111-117.

209   Vgl. ebd., S.127-134.

210   Importe aus Deutschland (vor allem Industriegüter) stiegen von 7,7% 1929/30 auf 10,7% im Jahr 1934, während persische Exporte nach Deutschland (vor allem Rohstoffe) im selben Zeitraum von 4% auf 14,3% stiegen. Vgl. Ramazani, The Foreign Policy of Iran, S.282.

211   Vgl. Hormoz Ansari, Deutsch-Iranische Beziehungen nach dem Zweiten Weltkrieg, München 1967, S.17-18

212   Ferdosi hatte Überlieferungen über die persische Geschichte vor der arabischen Eroberung gesammelt und in 60 000 Doppelversen gestaltet. Die moderne Erneuerungsbewegung, deren Ziel es war, den arabischen Einfluss in Kultur und Geschichte abzustreifen und das eigene persische geistige Erbe freizulegen, verehrte Ferdosi, den Schöpfer des per-

meinsame Geschichte des deutschen und des persischen Volkes zum Ausdruck und spielte dabei auf die von deutscher Seite öfter vorgebrachte Behauptung an, wonach beide Völker von den Ariern abstammten und nach dem Ersten Weltkrieg einen ähnlichen Weg der nationalen Befreiung gegangen seien.[213] Im Zuge dieser Entwicklungen beschloss die persische Regierung auf Initiative der persischen Gesandtschaft in Berlin, den Namen Persien ab dem Frühjahr 1935 auch in den ausländischen Sprachen in Iran („Land der Arier")[214] umtaufen zu lassen. Eine Begründung war, dass der Name Persien von Fars, der Provinz im Süden, abgeleitet sei und daher nur einen Teil des Landes bezeichne.[215] Es sollen jedoch Erwägungen der iranischen Regierung bestimmend gewesen sein, dass Persien gut daran täte, in einer Zeit, in der fremde Nationen sich ihrer arischen Abstammung rühmten, auch im Namen ihres Landes zum Ausdruck zu bringen, dass es die Heimat der arischen Rasse sei.[216]

Nachdem die beiden Staaten sich ideologisch annäherten – Reza Schah hegte durchaus Sympathien für das neue deutsche Regime – ebnete das deutsch-iranische Zahlungsabkommen von 1935 den Weg zu einer verstärkten Kooperation. Das Deutsche Reich lieferte nun in großem Umfang fertige Industrieanlagen und -erzeugnisse und viele deutsche Fachkräfte strömten in den Iran. Da der iranisch-sowjetische Handelsvertrag 1938 nicht verlängerte wurde, konzentrierte der Iran sich auf Berlin, das 1939 zu seinem Handelspartner Nummer Eins aufstieg. Irans Abwendung von der Sowjetunion führte bald zu einer solchen Abhängigkeit vom Deutschen Reich, dass das deutsch-persische Handelsvolumen im Jahr 1941 sogar die Rekordhöhe von 45,4% des persischen Gesamthandels erreichte.[217]

Der Außenpolitik Reza Schahs, die erst mit den USA, dann mit dem Deutschen Reich ein Gegengewicht zur Sowjetunion und Großbritannien bilden wollte, lag zwar kein neues Konzept zugrunde, da die persische Regierung diese Politik der dritten Macht schon eine Dekade zuvor mit Morgan Shuster bemüht hatte. Nachdem die persische Regierung damals jedoch am Widerstand Russlands und Großbritanniens gescheitert war, verschaffte Reza Schah Iran, begünstigt durch die *hands-off policy* der beiden Großmächte, eine vorher nicht gekannte Handlungsfreiheit. Gegenüber Moskau spielte er mit temporären Verträgen auf Zeit, während er

---

sischen Nationalepos, als ihren Wegbereiter. Vgl. Glaesner, Das Dritte Reich und der Mittlere Osten, S.196.

213   Vgl. ebd.

214   Der Name „Iran" leitet sich her vom mittelpersischen Eran, dessen vollständige Form Eranshahr oder Eranzamin lautet, zu Deutsch „Arierland" oder „Land der Arier". Vgl. Gronke, Geschichte Irans, S.8.

215   Die Europäer hatten die Bezeichnung „Perser" für die iranischen Völker von den Griechen übernommen. Die damals mächtigste Provinz des Reiches, altpersisch Parsa, wurde von den Griechen Persis genannt, arabisiert Fars, und war somit ein rein geographischer Begriff. Vgl. ebd., S.9 und Blücher, Zeitenwende in Iran, S.323-324.

216   Vgl. Djalal Madani, Iranische Politik und Drittes Reich, Frankfurt a.M. u.a. 1985, S.28-29.

217   Vgl. Ansari, Deutsch-Iranische Beziehungen nach dem Zweiten Weltkrieg, S.18.

durch die Industrialisierung des Landes, der Einführung des Außenhandelsmonopols und dem Bau der Transiranischen Eisenbahn Persiens politische und wirtschaftliche Emanzipation vorantrieb. In der Großbritannien-Politik Reza Schahs dokumentieren besonders die Abschaffung der Kapitulationsrechte, die Gründung einer persischen Nationalbank sowie die Annullierung der D'Arcy-Öl-Konzessionen den Einzug gewachsenen Nationalbewusstseins und nationaler Interessen in die iranische Außenpolitik, die aber, die Realitäten im Auge, bei Widerstand nicht bis zur letzten Konsequenz ausgetragen wurden. Die Aufhebung der Kapitulationsrechte wurde sorgsam vorbereitet, um Großbritannien nicht gegen Persien aufzubringen und die Annullierung der D'Arcy-Konzession war letztendlich rein symbolischer Natur, um bessere Konditionen zu erreichen. Reza Schahs Ziel der *third power policy* gegenüber dem Deutschen Reich war, ein Gegengewicht zur UdSSR und Großbritannien zu finden, welche wiederum deutschen Einfluss, im Gegensatz zu US-amerikanischem, nicht bekämpften und somit das deutsche Engagement ermöglichten. Vor dem Hintergrund der wirtschaftlichen Probleme Persiens, politischen Drucks von Seiten seiner Anrainer und Differenzen mit Berlin war Persien zum Ende der Weimarer Zeit schnell bereit, deutsche Interessen zugunsten verbesserter Beziehungen mit Großbritannien und der Sowjetunion zu opfern. Kurze Zeit später schlug das Pendel unter veränderten Vorzeichen – namentlich dem wachsendem deutschen Interesse am Iran bei gleichzeitiger Verschlechterung der Beziehungen des Iran mit den Großmächten – zugunsten des Deutschen Reiches zurück, das zum größten Handelspartner des Iran aufstieg. Diese Entwicklung zeigt, wie sehr die iranische Regierung von den weltpolitischen Umständen abhängig war und das Abnabeln von einer Großmacht nur im Austausch mit der Hinwendung zu einer anderen vollziehen konnte.

III. Die Großmächte im Iran. Von Intervention zu Indifferenz, 1921 bis 1939

3.1. Die Sowjetunion und ihre Interessen im Iran

Russlands militärische Expansion im 18. und 19. Jahrhundert führte zu einer Verschiebung der Grenzen weit in vormals persisches Gebiet. Es annektierte Ende des 18. Jahrhunderts Georgien und erhielt nach dem Vertrag von Gulistan 1813 die meisten kaspischen Provinzen, unter anderem Baku und Dervent. Nach einem weiteren Krieg musste das Persische Reich nach dem Vertrag von Turkmanchai 1828 seine fruchtbaren Provinzen Erivan und Nachchivan an das Zarenreich abtreten und die Einführung russischer Kapitulationsrechte in Persien beschnitt dessen Souveränität.[218] Die 1888 eröffnete Transkaspische Eisenbahn führte über mehr als 300 Kilometer nah an der persischen Grenze entlang und hatte, auch durch die geographische Nähe, die wirtschaftliche Durchdringung und politische Kontrolle Persiens durch Russland zur Folge.[219]

Großbritanniens Interesse an Persien bestand zu dieser Zeit lediglich in dessen Funktion als Schutzwall gegen mögliche Expansionspläne Russlands gen Indien. Vor dem Hintergrund des aufkommenden Nationalismus in Asien und der expandierenden Macht des deutschen Kaiserreiches in Europa und im Mittleren Osten schlossen Russland und Großbritannien den Anglo-Russischen Vertrag von 1907, der Persien in eine russische Einflusssphäre im Norden, eine britische im Süden und eine Pufferzone in der Mitte aufteilte.[220] Obwohl die beiden Mächte als Konkurrenten stets bemüht waren, den Einfluss des anderen in Persien zu schmälern, war doch beiden am *status quo* der anglo-russischen Machtbalance, wie im Vertrag von 1907 zementiert, gelegen. Geriet diese durch die Oktoberrevolution 1917 auch kurzzeitig ins Wanken, wurde sie von den beiden Großmächten in den 1920ern doch wieder anvisiert.

---

218 Vgl. Miron Rezun, The Soviet Union and Iran: Soviet Policy in Iran from the Beginning of the Pahlavi Dynasty Until the Soviet Invasion in 1941, Genf 1981, S.5.

219 Vgl. Harish Kapur, Soviet Russia and Asia 1917-1927: A Study of Soviet Policy towards Turkey, Iran and Afghanistan, Genf 1966, S.143-147.

220 Vgl. ebd., S.149-150.

3.1.1 Die Persienpolitik der Sowjetunion 1921 bis zum persisch-sowjetischen Neutralitätsvertrag 1927

In den ersten drei Jahren nach der Oktoberrevolution 1917 richtete die neu hervorgegangene russische Sowjetrepublik den Fokus vor allem auf die Stabilisierung des Staates und die Expansion ihrer Ideologie. Der Abzug russischer Soldaten aus Persien und der Bürgerkrieg in der Sowjetrepublik führten zu einem Machtvakuum, das die britische Regierung füllte. Nach dem Bruch mit der Politik des Zarenreiches sollten schließlich der Nahe und Mittlere Osten revolutioniert und die Revolution über Persien und Zentralasien zu allen Asiaten gebracht werden. Die maßgebliche sowjetische Unterstützung zur Gründung der Sozialistischen Republik Gilan unter der Herrschaft Kuchek Khans am 5. Juni 1920 zeugte von diesem Exportwillen, welcher jedoch am Widerstand der Zentralregierung scheiterte. Das Zusammenspiel einer demütigenden Niederlage der roten Armee im August 1920 in der Nähe von Warschau und der Einsicht, dass die Sowjetrepublik nach Jahren des Krieges, Bürgerkrieges und Konfrontationen mit Großbritannien und der westlichen Welt in einem desaströsen innenpolitischen und wirtschaftlichen Zustand war, führten zu einer Revision der bisherigen Politik.[221] In den ideologischen Zirkeln der Sowjetunion wurde der Krieg als Mittel zur Verbreitung der Revolution überdacht und man entschied sich für eine moderatere Politik. Diese wirkte sich auch auf Persien aus, welches Moskau ohnehin noch nicht reif für eine kommunistische Revolution schien.[222]

Das sowjetische Konzept gegenüber Persien wandelte sich nun in eines der Neutralität. Diese *hands-off policy* der Sowjetunion sollte vor dem Hintergrund der Konzessionen gesehen werden, die die britische Regierung ihrerseits in der Region machte. Nachdem Großbritannien im Mai 1921 seine Truppen aus Persien abgezogen hatten, beorderte auch die Sowjetunion ihre letzten Soldaten im September 1921 zurück.[223] Moskau beendete seine kommunistischen Propaganda-Aktivitäten in Persien und die Unterstützung aufständischer Gruppen in der Region, beispielsweise der Gruppe um Kuchek Khan, noch bevor dessen *Djangali*-Bewegung von der Zentralregierung niedergeworfen wurde. Großbritannien gab seinerseits die traditionelle Unterstützung oft aufrührerischer Nomadenstämme in Südpersien zugunsten der Stärkung der Zentralregierung in Teheran auf.[224] Ähnlich wie mit dem anglo-russischen Teilungsabkommen 1907 war auch zu diesem Zeitpunkt eine Machtbalance der beiden Großmächte in Persien das Ziel. Das Land sollte als Puffer dienen zwischen der Sowjetunion auf der einen und Britisch-Indien auf der an-

---

221 Vgl. Hirschfeld, The Northern Tier in European Politics during the 1920s and 1930s, S.318-319.

222 Vgl. Rezun, The Soviet Union and Iran, S.19.

223 Vgl. Yaacov Ro'i, Official Soviet Views on the Middle East, in: Dann, The Great Powers in the Middle East, S.303.

224 Vgl. Rezun, The Soviet Union and Iran, S.79-82.

deren Seite. Keiner der beiden Staaten beabsichtigte, es in Persien zu einer militärischen Konfrontation kommen zu lassen, das heißt so lange die Machtbalance gewahrt blieb, würden die beiden Rivalen sich ruhig verhalten.

Der persisch-sowjetische Vertrag von 1921 verschaffte Moskau durch den Artikel 6 die Sicherheit vor einem Angriff Großbritanniens oder einer anderen ihr feindlich gesinnten Macht von persischem Territorium aus. Zudem neutralisiere er Persien faktisch, so dass sich die Sowjetrepublik Teheran gegenüber anfangs besonders in wirtschaftlicher Hinsicht äußerst entgegenkommend verhielt. Neben der oben erwähnten Aufgabe aller zaristischen Konzessionen und Privilegien wurde das Außenhandelsmonopol für persische Händler relativ flexibel gehandhabt und brachte diesen große Freiheiten. Das stetige Ansteigen persischer Exporte in die Sowjetunion wurde ermuntert. Ferner wurde Persien anfangs der Transit von Gütern von und nach Westeuropa gewährt, so dass die persische Außenhandelsbilanz von einem Defizit von 15 200 000 Rubel im Jahre 1921-1922 auf plus 119 100 000 Rubel 1924-1925 stieg.[225] Die Wiederaufnahme wirtschaftlicher Beziehungen mit dem Mittleren Osten ermöglichte Moskau, ein effizientes Gegengewicht zu Großbritanniens wirtschaftlicher Position in der Region zu bilden.[226] Indem die sowjetische Regierung die Zentralregierung Persiens (ebenso der Türkei und Afghanistans) unterstützte, konnte sie zudem ihre Isolation durchbrechen und erste diplomatische Erfolge verbuchen. Die Zurückhaltung in Asien ermöglichte ihr, immerhin korrekte Beziehungen zu Großbritannien und freundschaftliche Beziehungen zu anderen europäischen Ländern aufzubauen.[227] Mit dem am 1. Oktober 1927 geschlossenen Nichtangriffs- und Neutralitätspakt zwischen Persien und der Sowjetunion wurde vereinbart, dass keine der beiden Seiten eine politische Allianz oder Vereinbarung eingehen konnte, die gegen die Sicherheit, das Territorium, die Integrität oder Souveränität des anderen Staates gerichtet war,[228] faktisch konnte Persien also keiner anti-sowjetischen Allianz beitreten. Ebensolche Neutralitätsverträge schloss die UdSSR zudem mit der Türkei (1925)[229] und Afghanistan (1927)[230]. Hirschfeld wertet diese Neutralitätspolitik der Sowjetunion als Antithese zur *kollektiven Sicherheitspolitik* der westlichen Welt, die sich in der Gründung des Völkerbundes (1920), der Verträge von Locarno (1925) und des späteren Briand-Kellogg-Paktes (1928) zeigte.[231] Die Verträge waren danach Reaktionen auf die Locarno-Verträge, namentlich

---

225 Vgl. Hirschfeld, The Northern Tier in European Politics during the 1920s and 1930s, S.324-325.

226 Vgl. Kapur, Soviet Russia and Asia, S.77, S.207 und S.212.

227 Vgl. Hirschfeld, The Northern Tier in European Politics during the 1920s and 1930s, S.320-321.

228 Vgl. Dmytryshyn/Cox, The Soviet Union and the Middle East, S.314-317 oder auch Hurewitz, The Middle East and North Africa in World Politics, Bd.2, S.389-391.

229 Vgl. ebd. S.368-370.

230 Vgl. ebd., S.375-380.

231 Auf der Konferenz von Locarno (5. - 16. Oktober 1925) wurden Verträge über ein Sicherheitssystem in Westeuropa ausgehandelt. In dem am 1. Dezember 1925 in London unterzeichneten Hauptvertrag (West- und Rheinpakt) verpflichteten sich das Deutsche Reich,

wurde die politische Isolation, die der Sowjetunion durch dieses politische Konzept des Westens drohte, durch eine zurückhaltende, deeskalierende Politik, durch Verbesserung der Beziehungen und eine bedeckte Haltung in eben dieser Region verhindert.[232]

Der Kurs der sowjetischen Politik in Persien, der in den ersten drei Jahren der Absicht folgte, die Revolution auf militärische Weise zu verbreiten, wurde Anfang der 1920er korrigiert. Um britischen Einfluss einzudämmen und die eigene Position in der Region zu stabilisieren, erweiterte Moskau seine Politik um die Maxime Selbstbeschränkung. Weder die russische Sowjetrepublik noch Großbritannien hatten Interesse an einer offenen Konfrontation in Persien und so führte die von beiden Seiten betriebene *hands-off policy* zu dem faktischen, von beiden Seiten akzeptierten Pufferstatus Persiens. Die Sowjetrepublik nutzte ferner ihre Neutralitätspolitik in der Region, kam Persien vor allem im Handelsbereich weit entgegen, um die eigene diplomatische und wirtschaftliche Isolation zu brechen. Der von Moskau forcierte sowjetisch-persische Freundschaftsvertrag von 1921 mit dem für ihn so wichtigen Artikel 6 verschaffte Sicherheit vor einem möglichen britischen Angriff von persischem Boden aus und führte in der erweiterten Form des Nichtangriffs- und Neutralitätsvertrags von 1927 mit Persien (und vorher mit der Türkei und Afghanistan) zu einem Gegenentwurf zu den Locarno-Verträgen der westlichen Welt.

Frankreich und Belgien unter Garantie Großbritanniens und Italiens, die im Vertrag von Versailles festgelegten deutschen Westgrenzen und die entmilitarisierte Rheinlandzone zu achten. Siehe dazu Jon Jacobson, Locarno Diplomacy. Germany and the West, 1925-1929, Princeton 1972.

Der Briand-Kellog-Vertrag war ein völkerrechtlich wirksamer Vertrag, der am 27. 8. 1928 in Paris von Belgien, Deutschland, Frankreich, Großbritannien (einschließlich seiner Dominien), Italien, Japan, Polen, Tschechoslowakei und USA unterzeichnet wurde. Er verpflichtete die Signatarstaaten, auf den Krieg als Mittel zur Durchsetzung nationaler Ziele zu verzichten und Streitfälle auf friedlichem Wege beizulegen. Das Recht eines jeden Staates auf Selbstverteidigung blieb als unveräußerliches Recht anerkannt. Der Pakt, dem bis 1939 63 Staaten beitraten, stellte grundsätzliche völkerrechtliche Regeln auf, die in die Satzung der UNO eingingen. Vgl. dazu Bernhard Roscher, Der Briand-Kellogg-Pakt: Der "Verzicht auf den Krieg als Mittel nationaler Politik" im völkerrechtlichen Denken der Zwischenkriegszeit, Baden-Baden 2004.

232 Vgl. Hirschfeld, The Northern Tier in European Politics during the 1920s and 1930s, S.323.

3.1.2 Die Persien-/Iranpolitik der Sowjetunion 1927 bis 1939

Am 1. Oktober waren neben dem erwähnten Nichtangriffs- und Neutralitätspakt fünf weitere Verträge unterzeichnet wurden,[233] darunter auch ein Handelsabkommen, welches das zu diesem Zeitpunkt schon gesunkene wirtschaftliche Interesse Moskaus an Persien dokumentierte. Das Abkommen setzte die bilaterale Handelsbilanz auf insgesamt 100 Millionen Rubel fest, das heißt der Export beziehungsweise Import jeder Seite durfte 50 Millionen Rubel nicht übersteigen.[234] Die Sowjetunion, die seit 1927 die Industrialisierung ihres Landes verfolgte, hatte vor allem Interesse am Import von Industriemaschinen und Rohstoffen. Da sie von Persien keine Maschinen beziehen konnte, den Handel mit Persien jedoch kontrollieren wollte, setzte sie ihm mit dem festgesetzten Handelsumsatz eine Grenze und bestimmte, dass Persien Rohstoffe im Wert von 30 Millionen Rubel und Nahrungsmittel im Wert von 20 Millionen Rubel in die Sowjetunion exportieren durfte.[235] Nach Ablauf des Handelsabkommens 1929 wurde eine Zollkonvention vereinbart, welche zwischen 1929 und 1931 das einzige Instrument zur Regulierung des Handels zwischen den beiden Ländern darstellte und sowjetische Exporte nach Persien mit erheblich niedrigeren Zöllen belegte als umgekehrt. Hinzu kam der Charakter der sowjetischen Wirtschaft, namentlich ihr großer öffentlicher Sektor im Vergleich zur persischen, die sich zum größten Teil aus privaten Händlern zusammensetzte. Diese erfuhren keine Protektion von der persischen Zentralregierung, mussten jedoch gegen die staatlichen sowjetischen Handelsunternehmen ankämpfen. Ihre traditionelle Abhängigkeit vom sowjetischen Handel wurde durch die Weltwirtschaftskrise und die 50%ige Abwertung des persischen *Qerans* manifest, wodurch sie vollends der Willkür sowjetischer Preise ausgesetzt waren.[236] Tatsächlich überschwemmte die Sowjetunion den nordpersischen Markt mit sehr preiswerten Gütern und führte damit viele persische Händler in den Bankrott.[237] Die Produkte aus den von der persischen Regierung und persischen Kaufleuten gegründeten Textil-, Zucker-, Zement- und Streichholzfabriken[238] wurden von der Sowjetunion unterboten, die, durch den Fünf-Jahres-Plan 1928 ungebunden an tatsächliche Produktionspreise, ihre Preise senkte und somit die betreffenden Industrien ruinierte. Zudem wurden allen persischen Gütern, die über die Sowjetunion exportiert wurden, hohe Zolltarife auferlegt, welche persische Handelsbeziehungen mit dem Ausland fast unrentabel, beziehungsweise unmöglich machten.[239]

---

233 Siehe dazu Dmytryshyn/Cox, The Soviet Union and the Middle East, S.314-317.
234 Vgl. ebd., S.293-310. Siehe auch Kapur, Soviet Russia and Asia, S.208-211.
235 Vgl. Rezun, The Soviet Union and Iran, S.116.
236 Vgl. Hirschfeld, The Northern Tier in European Politics during the 1920s and 1930s, S.325.
237 Vgl. Rezun, The Soviet Union and Iran, S.205-207.
238 Vgl. Kapitel 2.1.
239 Vgl. Rezun, The Soviet Union and Iran, S.208.

Auf das 1931 eingeführte Gesetz zur Verstaatlichung des Außenhandels,[240] reagierte Moskau Mitte desselben Jahres mit der Schließung der sowjetisch-persischen Grenzen für den Handelsverkehr und zwang damit Hofminister Timur-tasch am 27. Oktober 1931 zum Abschluss eines Abkommens mit Moskau, wel-ches das persische Außenhandelsmonopol für die Sowjetunion *de facto* für nichtig erklärte. Das Abkommen stellte die direkte Saldierung zwischen den beiden Staaten wieder her, führte die Meistbegünstigungsklausel ein und setzte bestimmte Kontin-gente von Gütern zur Ein- und Ausfuhr fest. Alle Handelsgeschäfte wurden von sowjetischen Handelsunternehmen in Persien durchgeführt.[241] Die persisch-sowjetischen Beziehungen verschlechterten sich weiter. Der sowjetische Anteil am persischen Außenhandel stieg stetig und die sowjetischen Handelsunternehmen in Teheran und den kaspischen Provinzen hielten sich in privaten Transaktionen nicht an das für Persien ohnehin nachteilige Handelsabkommen von 1931.

Mit dem Fall des pro-sowjetischen Timurtasch 1933[242] jedoch verlor die Sow-jetunion ihren wichtigsten Verbündeten in der persischen Regierung und damit Möglichkeiten zur Einflussnahme. Weder die politischen Abkommen noch die Handelsabkommen, die Timurtasch Anfang der 1930er mit der Narkomindel (Volkskommissariat für Auswärtige Angelegenheiten) abgeschlossen hatte, wurden übernommen. So auch nicht die Konzession des persisch-sowjetischen *Kevir-Kurian*-Syndikats von 1925, welche die Ausbeutung und Raffinierung nordpersischen Öls in der Region Semnan für 70 Jahre beinhaltete.[243] Moskau bemühte sich erneut ver-geblich um diese Konzessionen, trotz des Wissens um wahrscheinlich unerhebliche Ölvorkommen in Nordpersien,[244] da eine solche Konzession für die Sowjetunion einen strategischen Halt in Iran darstellte, der vor dem Hintergrund von Sicher-heitsbedenken mit Blick auf die gemeinsame Grenze mit Iran von großer Bedeu-tung war.[245]

Moskaus Iran-Politik zielte nun unter dem Anschein „korrekter" Beziehungen zu Reza Schah auf die Sicherung der iranisch-sowjetischen Grenzen.[246] Keine aus-ländische Macht, bzw. kein ausländisches Unternehmen sollte sich zu nah an der sowjetischen Grenze niederlassen dürfen, die graduelle wirtschaftliche Erschließung Irans durch Hitler-Deutschland war jedoch bereits in vollem Gange. Wiederholt wurde die iranische Regierung über das Missfallen Moskaus informiert. Im Dezember 1936 ließ die sowjetische Regierung verlauten:

---

240 Vgl. Kapitel 2.3.1.

241 Vgl. Rezun, The Soviet Union and Iran, S.218-223.

242 Vgl. Kapitel 2.1.

243 Vgl. Rezun, The Soviet Union and Iran, S.254-255.

244 Untersuchungen der französischen Firma Petrofina hatte dies schon in den 1920ern zu Tage gebracht. Vgl. ebd., S.234.

245 Vgl. ebd., S.234 und S.320-321.

246 Vgl. Ro'i, Official Soviet Views on the Middle East, S.306.

„If we are warning Iran not to become a willing participant in the aggressive schemes of Germany, we are not infringing on the sovereignty of Iran. [...] but we cannot be indifferent to the creations, in a country along our frontiers, of agencies of aggressive governments with specific purposes."[247]

Ende Februar 1937 protestierte Narkomindel in einer weiteren Note gegen den Zustrom deutscher Ingenieure und im August 1937 ließ die sowjetische Regierung Teheran wissen, Iran spiele mit dem Feuer.[248] Diese verbale Drohung wurde durch die Entsendung eines Geschwaders der kaspischen Flotte an den Hafen von Pahlavi unterstrichen. Die Sowjetunion ging zu diesem Zeitpunkt von einer potentiellen militärischen Bedrohung in Iran durch Nazi-Deutschland aus. Der Abschluss des Saadabad-Paktes zwischen dem Iran, dem Irak, Afghanistan und der Türkei[249] förderte die Sicherheitsbedenken der Sowjetunion noch weiter, welche den Pakt gegen sich gerichtet sah. Moskaus Haltung wurde bedrohlicher,[250] die Regierung löste ein Abkommen von 1928, dass die Grenzüberquerung von Grenzansässigen regelte, unilateral auf. Mitte 1938 wurde ferner die Ausweisung aller iranischen Staatsbürger von sowjetischem Boden sowie die Schließung der gemeinsamen Grenze verfügt. Weiterhin wurde die Zahl der sowjetischen Konsulate, die nach den vorangegangen wirtschaftlichen Differenzen ohnehin sehr niedrig war, weiter gesenkt, so dass Ende 1938 lediglich ein Konsulat im Hafen von Pahlavi am Kaspischen Meer geöffnet blieb. Narkomindel forderte die iranische Regierung auf, ihre Konsulate in der Sowjetunion ebenfalls zu schließen und die sowjetische Presse ließ ein Jahr nach dem Besuch des Reichsjugendführers der NSDAP Baldur von Schirach in Iran verlauten, dieser Besuch sei ein Beleg für Irans Unterwerfung unter faschistischen Einfluss. Iran sei nun offensichtlich in den Orbit deutscher Kolonialisierungsbestrebungen gefallen.[251] Der iranisch-sowjetische Handel kam im Juni 1938 vollständig zum Erliegen, da Moskau sich weigerte, nach dem auslaufenden Vertrag einen neuen auszuhandeln – der Auslöser war wahrscheinlich die Verhaftung von 53 angeblichen sowjetischen Kommunisten durch Iran.[252] Die Übermacht, die sich das Dritte Reich in Iran in den strategischen Bereichen Kommunikation und Aufrüstung erarbeitet hatte,[253] stellte für die Sowjetunion, die ständige Gefahr einer deutschen Invasion oder deutscher Sabotageakte von iranischem Bo-

---

247   Dmythryshyn/Cox, The Soviet Union and the Middle East, S.338-339.
248   Die Drohung wurde ausgesprochen, nachdem eine deutsche Firma mit dem Bau einer Schiffswerft und eines Trockendocks beauftragt wurde, da Iran sich in dem persisch-sowjetischen Neutralitäts- und Garantievertrag von 1927 verpflichtet hatte, für einen Zeitraum von 25 Jahren keine Ausländer oder ausländischen Firmen am Hafen von Pahlavi zu beschäftigen. Vgl. Rezun, The Soviet Union and Iran, S.320-330.
249   Vgl. Kapitel 2.2.
250   Vgl. Hirschfeld, The Northern Tier in European Politics during the 1920s and 1930s, S.326.
251   Vgl. Rezun, The Soviet Union and Iran, S.331-332 und Shokat, Dar tirrase hadese, S.163.
252   Vgl. George E. Kirk, The Middle East in the War, London u.a. 1952, S.131.
253   Vgl. Kapitel 3.3.2.

den aus dar. Dies führte daher Anfang 1939 zu der sowjetischen Order, alle Grenz-regionen in Alarmbereitschaft zu setzen und zum ersten Mal seit dem Bürgerkrieg wurde ein Teil der Roten Armee in der Region mobilisiert.[254]

Die Frage, warum Moskaus Haltung gegenüber Iran und dessen Deutschlandpolitik von relativer Indifferenz und Gleichmut zu Drohgebärden und Säbelrasseln Ende der 1930er führte, muss vor dem Hintergrund der ursprünglichen sowjetischen Übermacht im Iran und von Moskaus Sicherheitsbestreben geklärt werden. Da Persien zur Industrialisierung der Sowjetunion lediglich mit Rohstoffen beitragen konnte, ließ das sowjetische Interesse am Handel und guten Beziehungen zu Persien merklich nach, zumal Moskau zu diesem Zeitpunkt seine diplomatische Isolation schon durchbrochen hatte. Daher wurden auch die wachsenden Beziehungen zum Deutschen Reich zunächst keineswegs kritisch gesehen. Das Handelsabkommen von 1927 wurde nach Ablauf 1929 nur durch eine Zollkonvention ersetzt. Die sowjetische Regierung nutzte die traditionelle Abhängigkeit Nordpersiens, um ihre Produkte ins Land zu schwemmen und trieb damit viele dortige Händler und neue Industriezweige in den Bankrott. So wurde auch Timurtaschs Außenhandelsgesetz durch einen Handelsboykott umgangen, doch nachdem der pro-sowjetische Hof-minister in Ungnade gefallen war, änderten sich die Beziehungen zwischen Moskau und Teheran. Die von Timurtasch mit der Sowjetunion vereinbarten Gesetze wurden nicht übernommen und der Iran, gestärkt durch die Beziehungen zum Deutschen Reich, welche die katastrophale wirtschaftliche Abhängigkeit von der Sowjetunion beendet hatten, förderte US-amerikanisches und deutsches Interesse an Ölvorkommen in Nordpersien. Die deutsche wirtschaftliche Durchdringung hatte die sowjetisch-iranische Grenze erreicht und traf damit die Sowjetunion in ihrem Sicherheitsdenken an ihrer empfindlichsten Stelle. Die Schließung der gemeinsamen Grenzen, der Konsulate im Iran, die Ausweisung iranischer Staatsbürger und schließlich die Mobilisierung der sowjetischen Armee in der Grenzregion waren alles Reaktionen auf die iranische Zuwendung an das Dritte Reich und dessen Machtzuwachs im Iran, den Reza Schah in sowjetischen Augen nicht mehr kontrollieren konnte und der deshalb die sowjetische Sicherheit gefährdete. Die stetige Verschlechterung der sowjetisch-iranischen Beziehungen wurde von beiden Seiten relativ tatenlos hingenommen bis zu dem Punkt, an dem Moskau die deutsche strategische Übermacht im Iran erkannte.

---

254   Vgl. Rezun, The Soviet Union and Iran, S.335.

3.2 Großbritannien und seine Interessen im Iran

Für Großbritannien trafen sich in Persien von jeher ihre europäischen und indischen Interessen, da die Kontrolle ganz Persiens durch eine andere europäische Macht die Stabilität Indiens gefährden konnte. Nachdem die Persien-Politik Großbritanniens im 19. Jahrhundert zum größten Teil daraus bestanden hatte, auf der einen Seite die russische Suprematie in dem Land[255] einzudämmen, um den Pufferstatus Persiens zwischen Russland und Britisch-Indien aufrechtzuerhalten und gleichzeitig darüber in keinen militärischen Konflikt zu geraten, wurde Großbritannien nach Ende des Ersten Weltkrieges und dem Wegfall des durch die Revolution im eigenen Land geschwächten Rivalen die einflussreichste Macht in Persien. Die imperiale Stellung in Mesopotamien und die gewachsene Abhängigkeit der britischen Marine von dem 1908 entdeckten persischen Öl hatten zudem ihr Interesse an Persien gesteigert. Für Lord Curzon, von 1899 bis 1905 Vizekönig Indiens, einen der führenden Vertreter des britischen Imperialismus, und seit 1919 britischer Außenminister, waren „Turkistan, Afghanistan, Transcaspia, Persia […] the pieces on a chessboard upon which is being played out a game for the dominion of the world" und der britische Gesandte in Teheran wurde instruiert, den permanenten Einfluss Großbritanniens in Persien zu sichern.[256]

3.2.1 Die Persienpolitik Großbritanniens 1921 bis zum Kurswechsel unter Harold Nicolson 1927

Lord Curzons Politik im Mittleren Osten zielte darauf ab, die türkischen Meerengen unter internationale Kontrolle zu bringen, eine Kette von Vasallenstaaten vom Schwarzen Meer zur Pamir-Hochebene zu bilden und somit ein *cordon sanitaire* zwischen den britischen Besitztümern in Indien und im Mittleren Osten und der Sowjetunion zu erzeugen. In einem Memorandum an das Foreign Office erkläre er das Engagement in Persien wie folgt:

> "If it be asked […] why Persia should not be left to herself and allowed to rot into picturesque decay, the answer is that   her geographical position, the magnitude of our interests in the country, and the future safety of our Eastern Empire render it impossible for us now – just as it would have been impossible for us at any time during the past fifty years – to disinterest ourselves from what happens in Persia. […]Lastly, we possess in the south-western corner of Persia great assets in the shape of the oilfields, which are worked for the British Navy and which give us a commanding interest in that part of the world.[257]

---

255 Diese russische Vorherrschaft war 1828 durch den Vertrag von Turkmanchai manifestiert worden. Vgl. Kapitel 3.1.

256 Vgl. Houshang Sabahi, British Policy in Persia 1918-1925, London 1990, S.2-8.

257 Woodward/Butler (Hg.), Documents on British Foreign Policy 1919-1939, First Series, Volume IV, S.1121.

Vor diesem Hintergrund wurde am 9. August 1919 der Anglo-Persische Vertrag geschlossen, mit dem Persien praktisch in die informelle Herrschaftssphäre Großbritanniens eingegliedert werden sollte. Mit dem Fall des pro-britischen Premiers Vossugh ed-Doleh Anfang 1920 wurde der Vertrag suspendiert und nach dem Staatsstreich im Februar 1921 schließlich annulliert.[258] Dieser Rückschlag für Großbritannien führte zusammen mit Ereignissen in anderen seiner Interessensgebiete Großbritanniens im Mittleren Osten[259] zu einer Revision der britischen Persien-Politik. Denn trotz Curzons Eifer blieb Persien für Großbritannien eher zweitrangig; London hatte nicht mehr die finanziellen Reserven, neben den Brandherden in der Türkei, Afghanistan, Indien, Irak, Ägypten und Palästina zusätzlich Persien besetzt zu halten und die Teheraner Regierung zu finanzieren. So verständigten sich die beiden Rivalen Großbritannien und Sowjetunion erneut auf die Anerkennung der Region als neutrale Pufferzon[260] und Großbritannien zog seine Truppen im Frühjahr 1921 aus Persien ab. Die Sorge des Foreign Office vor ausbrechendem Chaos in Persien nach dem Abzug erwies sich nach dem *coup d'état* vom 21. Februar 1921 als unbegründet.[261] Der Staatsstreich war zwar nicht von London geplant worden, wurde jedoch vor Ort von britischen Agenten, zum Teil ohne das Wissen Whitehalls finanziell und logistisch unterstützt. So kam diesen eine wichtige Rolle für ihren Erfolg zu.[262] Er brachte Reza Khan als einen von vielen Verschwörern an die Macht, der sich als einziger auch langfristig behaupten konnte. In dem Maße, dem der Staatsstreich Reza Khan dienlich war, schadete er daraufhin dem Ruf Großbritanniens in Persien.[263]

Die persisch-britischen Beziehungen, nach dem gescheiterten Vertrag von 1919 auf dem Tiefpunkt, besserten sich mit der Ankunft des britischen Gesandten Sir Percy Loraine im Dezember 1921.[264] Er war, im Gegensatz zu den meisten britischen Amtsinhabern von Reza Khan beeindruckt[265] und wertete das antibritische Klima in Persien im August 1922 als Folge der fortwährenden Interventionen Lon-

---

258 Vgl. Hirschfeld, The Northern Tier in European Politics during the 1920s and 1930s, S.318.

259 Unter anderem dem türkischen Unabhängigkeitskrieg, den Krieg gegen Großbritannien in Afghanistan, Aufständen und Rebellionen in Indien, Irak, Ägypten und Palästina. Vgl. ebd.

260 Vgl. Kapitel 3.1.

261 Vgl. Michael P. Zirinsky, Imperial Power and Dictatorship. Britain and the Rise of Reza Shah, 1921-1926, in: International Journal of Middle East Studies 24, 4 (Nov., 1992), S.644-645.

262 Vgl. Stephanie Cronin, The Army, Britain and the Rise of Reza Khan, in: Martin, Anglo-Iranian Relations since 1800, S.119.

263 Vgl. Zirinsky, Imperial Power and Dictatorship, S.647.

264 Vgl. Cronin, The Army, Britain and the Rise of Reza Khan, S.214.

265 Er schrieb:„He has consistently shown exceptional ability in handling matters quite outside his own military sphere […]. His personal vigour, his singleness of purpose and his patriotism […] have carried him successively through every difficulty." Ferrier, Anglo-Iranian Relations, S.52.

dons in die persische Politik seit Anfang des Ersten Weltkrieges. Er bekräftigte daher die Bedeutung der *hands-off policy* zur Wiederherstellung britischen Einflusses und Prestiges.[266] Die Wertschätzung Reza Khans durch den britischen Gesandten, der gute Verbindungen zum Foreign Office besaß, hatte einen großen Anteil daran, dass London Reza Khans Karriere vom Offizier der Kosakenbrigade zum Kriegsminister, Premier und schließlich zum Schah unterstützte und vor allem die persische Zentralgewalt stärkte.[267] Zu diesem Zwecke musste die britische Regierung ihre traditionelle Beihilfe der quasi-unabhängigen regionalen Machthaber in der Persischen Golfregion, namentlich des Stammes der Bakhtiaren in Mohammara (Khorramshahr)[268] zugunsten der Regierung in Teheran aufgeben. Die britische Regierung unterhielt seit 1888[269] besondere Beziehungen zu den Stammesführern im Südwesten Persiens, welche sich vor allem seit dem Aufbau der britischen Ölindustrie in dieser Region vertieften.[270] In diesem Zusammenhang stellte die britische Aufgabe ihrer traditionellen Politik auf Drängen Loraines, dessen Linie im Foreign Office und bei den britischen Funktionären vor Ort in Teheran, nicht unumstritten war, eine bemerkenswerte Abkehr dar und signalisierte die britische Anerkennung der politischen Realitäten in Persien.[271] So erkannte London auch als erste ausländische Macht am 2. November 1925 die neue Dynastie Reza Pahlavis mit einer „provisional recognition" an.[272]

Der Schulterschluss mit der Zentralregierung in Teheran (und außerdem den afghanischen und türkischen Zentralregierungen) trug zur Stabilisierung der Region bei und konnte damit Großbritanniens Sicherheitsinteressen im Mittleren Osten und Indien nur dienlich sein, zumal sie sich weder finanziell im britischen Haushalt noch personell in der britischen Armee niederschlug. Im November 1926 klärte der britische Außenminister Austen Chamberlain Robert Clive, den frisch gebackenen britischen Gesandter in Persien, nüchtern über die wesentlichen Ziele der britischen Regierung in ihren Beziehungen zu Persien auf, die da waren:

"1. The defence of legitimate British interests and the protection of the lives and properties of British subjects.

2. The safety and integrity of His Majesty's Dominions, especially those of the Indian Empire; and

---

266   Vgl. Sabahi, British Policy in Persia 1918-1925, S.164.
267   Vgl. Zirinsky, Imperial Power and Dictatorship, S.657-658.
268   Vgl. Kapitel 2.3.2.
269   In diesem Jahr wurde der Fluss Karun für die Schifffahrt geöffnet. Vgl. Zirinsky, Imperial Power and Dictatorship, S.653.
270   Nach dem Ersten Weltkrieg würdigte London die Dienste Sheikh Khaz'als während des Krieges sogar mit einem Dampfschiff, 3000 Gewehren und Munition, mit denen er und sein Stamm der Bakhtiaren die britischen Ölfelder schützen sollten. Vgl. ebd., S.654.
271   Vgl. Ferrier, Anglo-Iranian Relations, S.52.
272   Vgl. Zirinsky, Imperial Power and Dictatorship, S.656.

3. The maintenance of the treaties in force."[273]

So wurden kommunistische und pan-islamische Agitationen im Keim erstickt, in diplomatischer Hinsicht beanspruchte Großbritannien trotz deutlicher Zurückhaltung den Status des *primus inter pares* und die wirtschaftlichen Interessen Londons wurden weiterhin prioritär gehandelt.[274] Jedoch musste Großbritannien als Nebenprodukt der stabilen Regierung in Teheran ein gewachsenes Selbstbewusstsein ebendieser hinnehmen. Auf der Imperial Conference im Oktober 1926 sagte Chamberlain vorausschauend:

> "Persia's geographical position with Russia to the north, the British Empire to the south (Persian Gulf) and east (India), and the British mandated territory of Iraq to the west, induces in her politicians a permanent anxiety-complex which manifests itself in their foreign policy. This fear of Russia, for which they have good reason, is greater at present than their fear of us. Hence we may expect to see Persia, too weak to stand up to Russia, attempt to flatter her and bargain with her, perhaps to the detriment of our interests. For this reason it is hazardous to predict any permanent continuance of the better relations which now obtain."[275]

3.2.2 Die Persienpolitik Großbritanniens 1927 bis 1939

Das Foreign Office änderte seinen strikten Kurs der Selbstbeherrschung Ende der 1920er aufgrund der sich aus britischer Sicht häufenden Provokationen von Seiten Persiens. Die unilaterale Kündigung der Kapitulationsrechte durch Teheran 1928[276] war besonders vor dem Hintergrund eines fehlenden Abkommens zur Regulierung der anglo-persischen Beziehungen seit dem gescheiterten Vertrag von 1919 für Großbritannien nicht unbedeutend.[277] Weiterhin forderte die persische Regierung 1928 mit der Gründung der Nationalbank Bank-e Melli und der Kündigung der D'Arcy-Öl-Konzession London wiederholt heraus.[278] Der im Zuge dieser Entwicklungen vollzogene Kurswechsel der britischen Regierung lässt sich prägnant darstellen an einem Ausspruch George Rendels aus dem Foreign Office vom Januar 1933. Rendel sagte, man müsse den Persern demonstrieren „that we are capable of sticking to our guns on certain points, and that we are not so dependent on their friendship as they are on ours."[279] Whitehall insistierte nun lediglich in für sie wich-

---

273   Medlicott/Dakin/Lambert (Hg.), Documents on British Foreign Policy 1919-1939, Series IA, Volume II, S.838.
274   Vgl. Hirschfeld, The Northern Tier in European Politics in the 1920s and 1930s, S.321.
275   Medlicott/Dakin/Lambert (Hg.), Documents on British Foreign Policy 1919-1939, Series IA, Volume II, S.950.
276   Vgl. ebd.
277   Sir Robert Clive führte zwischen 1928 und 1932 erfolglos Verhandlungen über einen neuen Vertrag. Vgl. Ferrier, Anglo-Iranian Relations, S.53.
278   Vgl. Kapitel 2.3.2.
279   Jones, The Imperial Bank of Iran and Iranian Economic Development, S.72.

tigen Belangen und blieb dort unnachgiebig, während sonst das Engagement in der Region auf ein Minimum reduziert wurde.

Teherans Forderung nach der Übernahme der Kontrolle über die Stationen des Indo-European Telegraph Department (IETD) auf persischem Boden, welche seit ihrer Gründung und basierend auf dem Vertrag vom 6. Februar 1863 in den Händen Großbritanniens waren, wurde im März 1931 mit der Übergabe an die persische Regierung begegnet.[280] Ferner wurde die persische Regierung im Mai 1932, nachdem jahrelange Verhandlungen über Flug- und Landerechte für die britische Imperial Airways, die einen Linienverkehr nach Indien anstrebte, zu keinem Ergebnis führten darüber informiert, dass Großbritannien die Route geändert habe und nicht mehr länger persisches Gebiet überfliegen würde.[281] 1934 wurden zwar Bekohlungsanlagen in Henjam und Bas'idu an Persien zurückgegeben, persische Hoheitsrechte über Bahrein, Abu Musa, die beiden Tunb-Inseln oder eine Änderung des *Status quo* am Persischen Golf hingegen wurden nicht anerkannt.[282] Auch die Verhandlungen um die Öl-Konzession konnten als Erfolg für London gewertet werden, da sie das britische Erdöl-Engagement in Persien um 60 Jahre verlängerten und die Steigerung der zu entrichtenden Steuern um 4% bei den Gewinnen kaum ins Gewicht fielen.

Nach Timurtaschs Absetzung 1934 gingen weder von britischer noch von persischer Seite Impulse für ein neues Abkommen aus. Immerhin ebnete britische Diplomatie den Weg zu einer Einigung des iranisch-irakischen Grenzkonfliktes 1937, welcher wiederum zum Saadabad-Pakt kurze Zeit später führte.[283] Die anglopersischen Beziehungen zeichneten sich danach vor allem durch gegenseitige Indifferenz aus, bis der Ausbruch des Zweiten Weltkrieges sie schließlich wieder belebte.[284] Vor dem Hintergrund des britischen Desinteresses orientierte sich der Iran Richtung Deutsches Reich, was von London anfangs ohne Missfallen registriert wurde. Dies wird im Folgenden noch zu klären sein, ebenso wie die Tatsache, dass die anglo-russische Machtbalance im Zuge dessen aus den Fugen geriet.

Die ambitionierten Persien-Pläne Großbritanniens unter der Federführung Lord Curzons scheiterten ebenso wie die Pläne Moskaus für einen Revolutionsexport Anfang der 1920er, und mussten spätestens nach der Annullierung des Anglo-Persischen Vertrages von 1919 durch die neue Regierung 1921 revidiert werden. Das finanziell und personell ausgezehrte Großbritannien zog wie sein Rivale 1921 seine Truppen aus Persien ab. Der neue Kurs der Zurückhaltung und Nichtintervention wurde vom britischen Gesandten Sir Percy Loraine als Mittel gegen das anti-britische Klima ausgerufen und damit gleichzeitig – in Abkehr von traditioneller britischer Unterstützung regionaler Stammesführer im Südwesten Persiens – die

---

280 Vgl. Hirschfeld, The Northern Tier in European Politics in the 1920s and 1930s, S.327.
281 Vgl. ebd.
282 Vgl. Hirschfeld, Deutschland und Iran im Spielfeld der Mächte, S.94.
283 Vgl. Kapitel 2.2.3.
284 Vgl. Ferrier, Anglo-Iranian Relations, S.54.

persische Zentralregierung und vor allem Reza Khan gestärkt. Die Stärkung der Zentralregierung zur Stabilisierung der Region führte vor dem Hintergrund des erwachten nationalen Selbstbewusstseins auch in Persien zu stetig wachsenden Forderungen, auf die London mit unnachgiebiger Haltung in für sie essentiellen Belangen, vor allem in der Frage der Ölkonzession und gleichzeitiger Reduzierung des Engagements in Persien auf ein Minimum reagierte. So konnte Großbritannien nur noch indirekt auf die iranische Politik Einfluss nehmen. Ähnlich wie die Sowjetunion begrüßte auch Großbritannien anfangs die deutsche Rolle als scheinbar entlastende Macht in Persien. Jedoch zerstörten die zunehmende Indifferenz Großbritanniens und ihr gradueller Rückzug zusammen mit der sich seit 1937 veränderten Haltung der Sowjetunion und dem wachsenden deutschen Engagement das anglo-sowjetische Gleichgewicht im Iran.

3.3. Das Deutsche Reich und seine Interessen im Iran

Die Paradigmen der Berliner Orientpolitik waren schon zu Bismarcks Zeiten unter anderem dadurch bestimmt, dass der Kanzler und andere maßgebende Politiker den Vorderen Orient nicht als ein viel versprechendes Objekt empfanden und ihn stets der primären Europa- und Amerikapolitik unterordneten. Der daraus resultierende Berliner Kurs beinhaltete, den *Status quo* in diesen Ländern zu respektieren und auf Kolonien zu verzichteten. In dieser vermeintlich neutralen Stellung vermittelte es in orientalischen Krisen und erwarb sich somit einen „Deutschen-Bonus", der ihm im Nahen und Mittleren Osten für Jahrzehnte Sympathien sicherte. Das Deutsche Reich wurde daher gerne als Instrument gegen die Vormachtstellung der Großmächte genutzt.[285] Dies galt auch und vor allem für Persien. Nachdem das Kaiserreich vor allem seit dem Bau der Bagdad-Bahn von Russland und Großbritannien und auch Frankreich mit Argwohn verfolgt wurde – da diese ihre Interessensphären in dieser Region gefährdet sahen – stellte die Aufteilung Persiens in eine russische, britische und eine neutrale Zone im August 1907, sprich die Manifestation der Machtbalance, eine direkte Reaktion auf den wachsenden deutschen Einfluss dar.[286] Zwar erreichte der Einfluss des Deutschen Reiches niemals annähernd den britischen und russischen, er war jedoch bis zum Ende des Ersten Weltkrieges langsam aber stetig gewachsen. Der Wechsel des Berliner Kurses von sekundärer Politik des Friedens zu einer primären während des Ersten Weltkrieges und die Niederlage brachten eine Einbuße des deutschen Einflusses in Persien, nachdem das Deutsche Reich durch den Versailler Vertrag in internationalen Belangen auf die Hinterbank verbannt worden war.[287]

---

285   Schwanitz, Paschas, Politiker und Paradigmen, S.22-24.
286   Vgl. Jaschinsky, Das Deutsch-Iranische Verhältnis im Lichte der alliierten Invasion in Iran 1941, S.152.
287   Vgl. Glaesner, Das Dritte Reich und der Mittlere Osten, S.179-180.

3.3.1 Die Persienpolitik der Weimarer Republik 1921-1933

Zwar hatten die Folgen von Krieg und Nachkriegszeit die deutsche Stellung und den Einfluss in Persien zunichte gemacht, jedoch wurden schon im Juni 1920 die diplomatischen Beziehungen mit Teheran wieder aufgenommen. Persien, das nach dem Ersten Weltkrieg finanziell vollkommen von Großbritannien abhängig war, drängte das Deutsche Reich, seine wirtschaftliche Tätigkeit wieder aufzunehmen, um sich mit dessen Hilfe zusätzliche Einnahmequellen zu erschließen. Auch die Sowjetunion unterstützte dieses deutsch-persische *rapprochement*, da sie selbst wirtschaftlich nicht stark genug war, ein Gegengewicht zur wirtschaftlichen Stellung Großbritanniens zu bilden. Zudem hoffte sie, durch die Schaffung wichtiger Wirtschaftsinteressen für das Deutsche Reich in Persien die sowjetisch-deutschen Beziehungen zu stärken, vor allem da jede deutsche wirtschaftliche Tätigkeit in Nordpersien von der sowjetischen Transiterlaubnis abhängen würde.[288] So wurde durch das beiderseitige Interesse am Handelsaustausch zur Belebung der Wirtschaft und politischen Stabilisierung eine rasche Normalisierung der deutsch-persischen Beziehungen gefördert.[289]

Im politischen Bereich mühte sich die Weimarer Republik, Großbritannien und die Sowjetunion davon zu überzeugen, dass es nicht wider die Interessen der beiden Mächte in dieser Region handeln würde. Jeder Schritt, wie die Eröffnung eines Konsulats oder einer Gesandtschaft, wurde vorher mit London und Paris besprochen, um Konflikte mit den Siegermächten auf diesem Nebenschauplatz zu vermeiden.[290] Dies zeigt auch eine Depesche des Auswärtigen Amtes an den Gesandten Rudolf Sommer in Teheran vom 1. Februar 1922:

> „Die Wiederaufnahme der wirtschaftlichen Betätigung in Persien durch deutsche Firmen ist im Allgemeinen erwünscht und zu fördern. Voraussetzung ist aber, dass die wirtschaftlichen Vorteile nicht durch Nachteile politischer Natur aufgewogen werden. Insbesondere würden Gegensätze zu Engländern, die über den wirtschaftlichen Konkurrenzkampf hinaus Bedeutung gewinnen, zur Zeit den Richtlinien unserer allgemeinen Politik widersprechen."[291]

Im Zusammenhang mit den ambitionierten Entwicklungsvorhaben Reza Schahs, die einen beachtlichen Bedarf an Industriewaren und Dienstleistungen mit sich brachten, hatte dieser großes Interesse daran, Berlin in den Industrialisierungsprozess einzubinden. Zunächst hielt sich die deutsche Regierung gemäß der erwähnten Richtlinien zurück und lehnte jede Beteiligung am Erwerb von Erdölkonzessionen oder am Bau von Eisenbahnen ab. Im Herbst 1927 schien es jedoch unter veränderten Vorzeichen plötzlich möglich, die wichtigsten deutschen Ziele in Persien,

---

288 Vgl. Hirschfeld, Deutschland und Iran im Spielfeld der Mächte, S.24-25.
289 Vgl. Jaschinsky, Das Deutsch-Iranische Verhältnis im Lichte der alliierten Invasion in Iran 1941, S.156.
290 Vgl. Schwanitz, Paschas, Politiker und Paradigmen, S.34.
291 Hirschfeld, Deutschland und Iran im Spielfeld der Mächte, S.30.

erstens jegliches Vermeiden von Reibungen mit Großbritannien, zweitens Gefälligkeit gegenüber Moskau und drittens die Förderung wirtschaftlicher Interessen, miteinander in Einklang zu bringen. Die Sowjets wollten vor allem nach der Verschlechterung der persisch-sowjetischen Beziehungen ab 1927[292] die das Deutsche Reich durch starke Unterstützung ihrer wirtschaftlichen Tätigkeit zu Verbündeten in Persien machen. So forderten sie sie im Februar 1927 dazu auf, ein Angebot für den Eisenbahnbau in Nordpersien zu machen.[293] Ferner war zu diesem Zeitpunkt der Argwohn Großbritanniens gegenüber der Weimarer Republik als Folge deutscher Tätigkeiten in Persien während des Ersten Weltkrieges wieder der traditionellen britisch-russischen Rivalität gewichen und das deutsche wirtschaftliche Engagement rief in London keine Bedenken hervor.[294] Die Unterstützung des Deutschen Reiches in Persien sowohl von britischer als auch von sowjetischer Seite hatte zwei Gründe. Zum einen hofften beide Mächte dadurch den Einfluss ihres Rivalen einzudämmen. Zum anderen waren beide Staaten davon überzeugt, die deutschen Aktivitäten in Persien aufgrund der deutschen Zurückhaltung kontrollieren zu können.[295] Daher spielte das Deutsche Reich 1927/28 die klassische Rolle der dritten Macht, wurde mit wichtigen industriellen Aufträgen belohnt, unter anderem dem Bau der Eisenbahn in Nordpersien sowie der Leitung der neu gegründeten Nationalbank, und stellte zudem die neuen Finanzberater der persischen Regierung.[296]

Die deutsche Stellung verschlechterte sich jedoch Anfang der 1930er und das Auswärtige Amt war keineswegs mit der anti-britischen Rolle zufrieden, in die das Land vor dem Hintergrund der wachsenden Konkurrenz zwischen der Imperial Bank of Persia und der von Deutschen geleiteten Nationalbank Bank-e Melli[297] geriet. Nachdem die wirtschaftliche Lage Berlin zudem zwang, Unternehmungen wie die Bauarbeiten des deutschen Bausyndikats in Nordpersien sowie den Flugdienst von Junkers im März 1932 einzustellen, verringerte sich das deutsche Engagement zusehends. Zudem zeigte sich immer deutlicher, dass die Relevanz Persiens für die Weimarer Republik marginal war. In der *Peykar*-Affäre[298] war Berlin, trotz der gro-

---

292   Vgl. Kapitel 3.1.1.
293   Vgl. Hirschfeld, Deutschland und Iran im Spielfeld der Mächte, S.131.
294   Konkret auf den Bau der Eisenbahn bezogen, die Großbritannien anfangs noch vehement bekämpft hatte, ließ Austen Chamberlain im November 1926 verlauten: „Die Entwicklung eines raschen und regelmäßigen Verkehrsweges und der Eisenbahn wäre meiner Meinung nach der unumgänglichste erste Schritt zur Verbesserung der persischen Wirtschaftslage; falls sie nicht mit der offensichtlichen Absicht geplant wird, den britischen Interessen zu schaden, hätte sie die Zustimmung der Regierung Seiner Majestät." Ebd., S.65.
295   So hielt sich Deutschland beispielsweise in den Verhandlungen Persiens mit den europäischen Mächten in Bezug auf die Abschaffung der Kapitulationsrechte strikt an die Anweisungen aus London, um keinen für Großbritannien nachteiligen Präzedenzfall zu schaffen. Vgl. Hirschfeld, The Northern Tier in European Politics in the 1920s and 1930s, S.322.
296   Vgl. Hirschfeld, Deutschland und Iran im Spielfeld der Mächte, S.131-132.
297   Vgl. Kapitel 3.2.2.
298   Vgl. Kapitel 2.3.3.

ßen Bedeutung, die die persische Regierung ihr zumaß, nur bedingt engagiert[299] und die deutsche Ablehnung, sich bei dem Bau einer Flugzeugfabrik in Persien zu beteiligen oder den Verkauf einer Messinggießerei nach Persien zu unterstützen[300] zeigten, dass die deutsche Regierung und besonders das Auswärtige Amt sich weigerten, auf Kosten guter politischer Beziehungen mit Großbritannien ihre wirtschaftliche Interessen in Persien voranzutreiben, welche zu diesem Zeitpunkt ohnehin gering waren.

Die deutsch-persischen Beziehungen, die nach dem Ende des Ersten Weltkrieges auf Eis gelegt worden waren, wurden aufgrund des beidseitigen Handelsinteresses Mitte der 1920er wiederbelebt. Die Maxime der Persienpolitik der Weimarer Zeit, strikte politische Zurückhaltung, um jegliche Reibereien mit Großbritannien und der Sowjetunion zu vermeiden, wurde von diesen bald anerkannt und das deutsche wirtschaftliche Engagement als Gegenmittel zum Einfluss des jeweiligen Rivalen willkommen geheißen. Vor diesem Hintergrund wurde das Deutsche Reich im Zuge der persischen Industrialisierung mit lukrativen Aufträgen und einflussreichen Stellen in der Nationalbank und dem Finanzministerium belohnt und stellte Ende der 1920er die dritte Macht in Persien dar. Mit der sich verschlechternden Wirtschaftslage des Deutschen Reiches Anfang der 1930er wurden Aufträge in Persien aus Kostengründen eingestellt. Zudem verlor es aufgrund der Konkurrenz der von ihr geleiteten persischen Nationalbank zur Imperial Bank of Persia in britischen Augen den Nimbus als „neutrale" Macht. Hier zeigt sich in dem deutschen Rückzug aus Persien, dass die wirtschaftlichen Interessen in diesem Land viel zu gering waren, um politische Spannungen mit den Großmächten zu riskieren. Die Weimarer Republik eroberte jedoch insgesamt graduell die verlorene Position des Kaiserreiches zurück und bereitete damit den Boden für eine weitere Expansion in den 1930ern unter Hitler.

---

299 So gelang es der deutschen Regierung nur einmal, den Versand der Zeitung nach Persien zu verhindern, es wurden keine Beweismittel gegen den Verfasser der gegen den Schah gerichteten Artikel gefunden, schon nach knapp zwei Monaten hörte die deutsche Polizei mit der Beschlagnahmung der *Peykar* auf und es wurde nichts unternommen, um die Vorbereitungen für den Prozess gegen die Herausgeber zu beschleunigen. Vgl. Hirschfeld, Deutschland und Iran im Spielfeld der Mächte, S.113.

300 Vgl. ebd., S.124.

3.3.2 Die Persien-/Iranpolitik des Dritten Reiches 1933 bis 1939

Persien fand anfangs in der Außenpolitik des Dritten Reiches keinerlei Erwähnung und das nationalsozialistische Buhlen um die britische Gunst ließ zu dieser Zeit kaum politische Konsequenzen für Persien erwarten, zumal es in Hitlers Rassenwahn und seiner Lebensraum-„Philosophie" nur unter ‚ferner liefen' rangierte.[301] Auf deutscher Seite begann 1934 jedoch, auf Initiative von Alfred Rosenbergs Außenpolitischen Amt (APA) der NSDAP das Interesse an Persien wieder aufzuleben. Rosenberg träumte von einem Block von Balkan- und asiatischen Staaten, dem auch Persien unter deutscher Führung angehören sollte. Die Aufgabe sollte vor allem sein, die Sowjetunion einzuschließen und sie mit einem *cordon sanitaire* zu umgeben, um sie erst wirtschaftlich und dann politisch und militärisch zu erdrosseln. Zudem sollte der Block die deutschen Wirtschaftsprobleme lösen, die Versorgung mit Rohmaterial sicherstellen und ein umfangreiches Absatzgebiet für deutsche industrielle Erzeugnisse eröffnen.[302] Dieser „Großwirtschaftsblock" sollte letztlich Ausfälle kompensieren können, die durch eine Beeinträchtigung des Seehandels Kriegsfall eintreten würden. Dabei galt jedoch eine Prioritätensetzung, bei der Persien, bedingt durch die geographische Entfernung, also mangels militärischer Erreichbarkeit an unterer Stelle stand.[303]

Auch Goebbels' Propaganda-Ministerium verfolgte eigene Pläne für die deutsche Durchdringung Persiens und des Mittleren Ostens im Allgemeinen, die in einem Memorandum von Dr. Rudi Koehler und Dr. Kurt Eilers unter dem Titel „Raumpolitik – Kulturpolitik" dargelegt wurden. Unter anderem sollten Studenten aus dem Orient ermuntert werden im Deutschen Reich zu studieren, deutsche Professoren sollten ihrerseits im Orient enge Beziehungen knüpfen und orientalische Studenten an das Deutsche Reich binden. Vor diesem Hintergrund gründete das Auswärtige Amt zusammen mit dem APA der NSDAP, der Auslandsorganisation (A.O.) und dem Propaganda-Ministerium im August 1934 den Deutschen Orient-Verein (D.O.V.), welcher erklärte, die kulturellen und wirtschaftlichen Interessen des Deutschen Reiches in den mittelasiatischen Ländern zu fördern, aber von jeder politischen Tätigkeit abzusehen.[304]

Der deutsch-persische Handel war zu Hitlers Machtantritt für das Deutsche Reich passiv, es exportierte bedeutend weniger als es importierte; zudem hatte Berlin schon seit mehreren Jahren keine Regierungsaufträge mehr bekommen. Mit der Berufung Hjalmar Schachts zum Chef des deutschen Wirtschaftsministeriums im

---

301 Vgl. Jaschinsky, Das deutsch-iranische Verhältnis im Lichte der alliierten Invasion in Iran 1941, S.158-159.

302 Vgl. Hans-Günther Seraphim (Hg.), Das politische Tagebuch Alfred Rosenbergs aus den Jahren 1934/35 und 1939/1940, München 1964, S.163-167.

303 Vgl. Jaschinsky, Das deutsch-iranische Verhältnis im Lichte der alliierten Invasion in Iran 1941, S.160.

304 Vgl. Hirschfeld, Deutschland und Iran im Spielfeld der Mächte, S.153-154.

August 1934 folgte eine Exportpolitik „um jeden Preis", mit der vor allem Passivsalden abgebaut werden sollten.[305] So wurde der persischen Regierung unter anderem gedroht, den deutsch-persischen Handelsvertrag von 1929 zu kündigen.[306] Jedoch sprachen sich sowohl das Reichswirtschaftsministerium als auch das Auswärtige Amt gegen Gegenmaßnahmen aus, da „Deutschland in Persien nicht nur wirtschaftliche Interessen hat, sondern [dass] die deutschen Interessen in höherem Maße auf anderen Gebieten liegen."[307] Nach jahrelangen Verhandlungen wurde am 30. Oktober 1935 ein Zahlungsabkommen unterzeichnet, welches dem Deutschen Reich den Weg zu einer größeren deutschen Einflussnahme in Iran ebnete.[308] Großbritannien und die Sowjetunion gaben zu erkennen, dass sie sich der Grenzen der deutschen wirtschaftlichen Ausdehnung im Iran bewusst waren und auch die Bereitschaft des Schahs kannten, sie unter Kontrolle zu halten. Simmonds, Handelsattaché an der britischen Gesandtschaft in Teheran, äußerte:

> „Die Iraner haben in der Vergangenheit gezeigt, dass sie Meister in der Kunst der Ausflüchte sind und in der Fähigkeit, eine Macht gegen die andere auszuspielen. Sie wachen sorgfältig über ihre jüngst erworbene Unabhängigkeit und werden sie mit einer Reihe von wirksamen Mitteln verteidigen. Sobald sie die Gefahr einer deutschen Durchdringung Irans erkennen, kann man sich meiner Meinung nach darauf verlassen, dass die Iraner Gegengewichte finden werden.[309]

Der Reichsbankpräsident Schacht besuchte im November 1936 den Iran[310] und demonstrierte mit seinen wirtschaftlichen Forderungen an den Gastgeber, dass Berlin eine führende Stellung in Irans Industrialisierung, in der Entwicklung des Verkehrsnetzes über Land, Meer und Luft und die Entwicklung der Landwirtschaft und der Aufrüstung einforderte.[311] Der Besuch Schachts, der der nationalen Eitelkeit Irans schmeichelte, setzte in den Augen des Gesandten Hans Smends[312] einen Schlussstrich unter die Periode des Niedergangs im Iran seit der Lindenblatt-Affäre. Das Deutsche Reich liege nun „wieder einmal in Front".[313] Er nannte in einem seiner Berichte eines der Motive für das plötzliche Interesse an Iran, im Zu-

---

305 Vgl. Jaschinsky, Das deutsch-iranische Verhältnis im Lichte der alliierten Invasion Irans 1941, S.159.
306 Vgl. Glaesner, Das Dritte Reich und der Mittlere Osten, S.200-206.
307 Ebd, S.206.
308 Vgl. Hirschfeld, Deutschland und Iran im Spielfeld der Mächte, S.160.
309 Ebd., S.164.
310 Im Anschluss an einen Besuch in der Türkei.
311 Vgl. Hirschfeld, Deutschland und Iran im Spielfeld der Mächte, S.170-171.
312 Smend löste Wipert von Blücher im Juni 1935 als deutschen Gesandten in Teheran ab. Vgl. Jaschinsky, Das deutsch-iranische Verhältnis im Lichte der alliierten Invasion in Iran 1941, S.159.
313 Glaesner, Das Dritte Reich und der Mittlere Osten, S.234.

ge des neuen Vierjahresplans Rohstoffe und Nahrungsmittel ohne Devisen zu erhalten.[314]

Der Nah- und Mittelosthandel wurde bald primär über Tausch- und Kompensationsgeschäfte abgewickelt; im Austausch gegen agrarische Produkte, Erze und Mineralien lieferte Nazi-Deutschland vorwiegend industriell gefertigte Waren und technisches Know-how.[315] Mehr als zuvor strömten damit auch deutsche Fachkräfte nach Iran. Große Entwicklungsvorhaben wie der Bau der transiranischen Eisenbahn wirkten hierbei wie Magneten. Um die deutsche Mitwirkung zu demonstrieren wurde sogar die Decke der großen Bahnhofshalle in Teheran mit großen Hakenkreuzen ähnlichen Gebilden dekoriert,[316] welche bis heute zu sehen sind.

Smend sah den Grund für die ständige Verbesserung der deutschen Position in Iran in der Verwandtschaft der beiderseitigen autoritären Regierungsformen, der Bewunderung des Schahs für den Führer, dem komplementären Charakter der Volkswirtschaften, der Absicht dem Deutschen Reich hochwertige Industrieerzeugnisse gegen iranische Rohstoffe zu handeln und dem Fehlen politischer Reibungsmöglichkeiten.[317] Vorraussetzungen für diese Entwicklungen war jedoch vor allem das wirtschaftliche Vakuum, das Großbritannien und die Sowjetunion durch ihren graduellen Rückzug aus Iran hinterließen, welche eine Einbruchstelle für größeres deutsches Engagement bot. Hinzu kam die Tatsache, dass Reza Schah, der selber durch einen von London unterstützten Putsch an die Macht gekommen war, in ständiger Furcht vor einem weiteren Putsch lebte; und während die Beziehungen Irans zu Großbritannien immer gewissermaßen eine zwischen „Herr und Knecht" darstellten, stützte sich die deutsche Außenpolitik auf den Schah persönlich und verlief demnach vermeintlich auf Augenhöhe.[318] Die deutsche Regierung war sich jedoch bewusst, dass der Leitgedanke iranischer Außenpolitik nach wie vor strikte Neutralität und Vermeidung aller internationalen Komplikationen war, besonders in den Beziehungen zu Moskau und London. Daher lag es auch im deutschen Interesse, die gemeinsamen Beziehungen nach außen hin so wenig wie möglich in Erscheinung treten zu lassen.[319] Zwar betonte Berlin, dass es in Iran in erster Linie wirtschaftliche Ziele im Interesse beider Länder verfolge, allerdings waren auf lange Sicht vor allem politische und strategische Ziele von Bedeutung,[320] namentlich die

---

314 Vgl. ebd.

315 Vgl. Jaschinsky, Das deutsch-iranische Verhältnis im Lichte der alliierten Invasion in Iran 1941, S.160.

316 Vgl. Homa Katouzian, Mussadiq and the struggle for power in Iran, London u.a. 1990, S.37.

317 Vgl. Glaesner, Das Dritte Reich und der Mittlere Osten, S.238.

318 Vgl. Madani, Iranische Politik und Drittes Reich, S.54.

319 Vgl. Glaesner, Das Dritte Reich und der Mittlere Osten, S.238.

320 Vgl. Andreas Hillgruber, The Third Reich and the Near and Middle East, in: Uriel I. Dann (Hg.), The Great Powers in the Middle East, Tel Aviv 1988, S.279.

Einbeziehung Irans in den Antikominternpakt.[321] Die Tätigkeiten Nazi-Deutschlands in Iran hatten als Teil des Rosenberg-Plans ihren Anfang genommen und als Ziel die Einkreisung der Sowjetunion bei gleichzeitigem politischen Bündnis mit Großbritannien. Nachdem Italien im November 1937 dem Antikominternpakt beigetreten war, gab Hitler zwar den Plan auf, Großbritannien in diese Koalition einzubeziehen, er suchte jedoch eine politische Lage herbeizuführen, welche London zwingen würde, entweder dem Deutschen Reich gegenüber neutral zu bleiben oder sich dem deutschen Lager anzuschließen. Dies führte kurzfristig zu einer Verstärkung deutscher Interessen in Iran und Zentralasien. Hitler nahm an, dass Iran für das Sicherheitssystem des britischen Weltreiches von lebenswichtiger Bedeutung war und um diesen die eigene Unentbehrlichkeit zu demonstrieren, konnte es sich Berlin zu diesem Zeitpunkt nicht erlauben, seinen Einfluss in Iran zu verringern. Politische Überlegungen hatten demnach weit größeres Gewicht als deutsche Wirtschaftsinteressen. Dies wird vor allem an folgenden wirtschaftlichen Konzessionen von deutscher Seite deutlich: Ferrostaals Verlust von fünf Millionen Reichsmark in Iran wurde von der deutschen Regierung gedeckt, Demaag-Krupp wurde beauftragt, ein Eisen- und Stahlwerk mit Subsidien der Regierung zu bauen; der Weigerung der iranischen Regierung einen deutschen Kredit über 50 Millionen Reichsmark anzunehmen, wurde im Frühjahr 1938 mit dem Vorschlag begegnet, 25 Millionen des iranischen Zahlungsdefizits durch die Zahlung von 800 000 Pfund anzutragen, obwohl der offizielle Pfund-Sterling-Mark-Kurs fast zweieinhalb mal so hoch war. Zudem wurde im April 1938 eine deutsche Delegation nach Teheran geschickt, um den deutsch-iranischen Handel auf eine solidere Basis zu stellen, dies vor dem Hintergrund dass Nazi-Deutschland vor den iranisch-sowjetischen Handelsverhandlungen im Juni 1938 zu einem Vergleich mit Teheran kommen wollte.[322] Tatsächlich ging der Plan auf, denn nachdem der iranisch-sowjetische Handelsvertrag in diesem Jahr nicht verlängert wurde,[323] sprang das Deutsche Reich sozusagen in die Bresche und wurde 1939 der größte Handelspartner Irans. Iran

---

321 Der Antikominternpakt war ein 1936 auf fünf Jahre geschlossenes Vertragswerk zur Abwehr der kommunistischen Internationalen (Komintern) zwischen Japan und dem Deutschen Reich, das wohlwollende Neutraltät bei einem sowjetischen Angriff vorsah. Dem Pakt traten später Italien, Ungarn, Mandschukuo, Spanien, Finnland, Dänemark, Slowakei, Bulgarien und Kroatien bei. Obwohl Verträge gegen den Geist des Antikominternpakt ausgeschlossen sein sollten, verständigte sich Hitler ohne Konsultation mit Stalin 1939 ebenso wie Japan im Neutralitätsabkommen mit Moskau 1941. Der Pakt wurde mit der Kapitulation Deutschlands 1945 gegenstandslos. Siehe dazu Theo Sommer, Deutschland und Japan zwischen den Mächten, 1935 - 1940: vom Antikominternpakt zum Dreimächtepakt. Eine Studie zur diplomatischen Vorgeschichte des Zweiten Weltkriegs, Tübingen 1962 oder etwa Carl Boyd, The Berlin-Tokyo Axis and Japanese Military Initiative, in: Modern Asian Studies 15, 2 (1981), S.311-338.

322 Vgl. Hirschfeld, Deutschland und Iran im Spielfeld der Mächte, S.186-189.

323 Erst am 25.3.1940 wurde ein neuer sowjetisch-iranischer Handelsvertrag geschlossen.

zahlte demnach den Preis der verringerten Abhängigkeit von der Sowjetunion mit größerer Abhängigkeit von Berlin.[324]

Die Hauptunterschiede zwischen der Iran-Politik Nazi-Deutschlands in der Zwischenkriegszeit und der Politik der Weimarer Republik lagen zum einen in der eindeutigen Initiative, die von der deutschen Regierung nach 1933 ausging; zum anderen verfolgte die Weimarer Republik lediglich wirtschaftliche Ziele, während diese ab 1933 dem Erreichen politischer Ziele untergeordnet wurden. Das anfängliche Desinteresse Hitlers am Iran wich nach Rosenbergs Plan eines „Großwirtschaftsblocks", der dem Iran ebenfalls eine Rolle zuwies. Berlin wollte seinen Einfluss im Iran ausweiten, um die eigene Bedeutung für Großbritannien zu vergrößern, für dessen Sicherheitssystem man den Iran als unabdingbar betrachtete. Ferner sollte der Iran zum Eintritt in den Antikominternpakt bewegt werden. Der Besuch von Reichsbankpräsident Schacht in Teheran lenkte die Beziehungen in die von Berlin gewünschte Richtung und das deutsch-iranische Zahlungsabkommen von 1935 ebnete den Weg zu mehr deutscher Einflussnahme im Iran. Das Deutsche Reich lieferte in großem Umfang fertige Industrieanlagen und -erzeugnisse und viele deutsche Fachkräfte strömten in den Iran. Nachdem der iranisch-sowjetische Handelsvertrag 1938 nicht verlängerte wurde, sprang das Deutsche Reich gerne ein und ersetzte damit sowjetischen bald durch deutschen Einfluss.

---

324 Vgl. Glaesner, Das Dritte Reich und der Mittlere Osten, S.244.

IV. Der Iran im Zweiten Weltkrieg: Die anglo-sowjetische Invasion 1941 und die Frage der deutschen fünften Kolonne

4.1 Irans politische Lage nach 1939

Als Hitler im März 1939 die Tschechoslowakei besetzte, vergrößerte sich Irans Abhängigkeit vom Deutschen Reich schlagartig und ohne eigenes Zutun, da die Tschechoslowakei bisher nicht nur der wichtigste Waffenlieferant für die iranische Armee gewesen war, sondern auch für die Industrialisierung des Landes eine bedeutende Rolle gespielt hatte.[325] Diese Rolle übernahm nun das Deutsche Reich. Von diesem Zeitpunkt an versuchte die iranische Regierung, sich durch einen Balanceakt die Freundschaft sowohl Großbritanniens als auch Nazi-Deutschlands zu erhalten. Mit dem Abschluss des deutsch-sowjetischen Nichtangriffspaktes vom 23. August 1939 und dem Ausbruch des Zweiten Weltkrieges nahm das deutsch-britisch-sowjetische Beziehungsgeflecht für Iran dann erneut bedrohliche Ausmaße an.[326] Unmittelbar am 4. September 1939 erklärte die iranische Regierung ihre Neutralität, tatsächlich blieb ihr kaum eine andere Möglichkeit, da der sowjetisch-iranische Freundschaftsvertrag von 1921 mit folgender Verpflichtung des Artikels 6 weiterhin Bestand hatte:

> „If a third party should attempt to carry out a policy of usurpation by means of armed intervention in Persia, or if such power should desire to use Persian territory as a base of operations against Russia, or if a foreign Power should threaten the frontiers of Federal Russia or those of its allies, and if the Persian Government should not be able to put a stop to such menace after having been once called upon to do so by Russia, Russia shall have the right to advance her troops into the Persian interior fort he purpose of carrying out the military operations necessary for its defence. Russia undertakes, however, to withdraw her troops from Persian territory as soon as the danger has been removed."[327]

Dies bedeutete für Iran, dass die Sowjetunion, die seit dem 23. August 1939 ein Verbündeter Berlins war, wahrscheinlich Iran besetzen würde, sollte dieses sich mit Großbritannien verbünden. Ein Bündnis mit dem Deutschen Reich auf der anderen Seite hätte Großbritannien dazu veranlassen können, die britischen Erdölfelder im Südiran zu besetzen, was wiederum einen sowjetischen Einfall im Norden zur Folge hätte und somit sogar die Existenz Irans in Frage stellen würde. Doch auch auf anderen Gebieten war Teheran von den beiden Krieg führenden Mächten abhängig: Hitler-Deutschland war, wie bereits erwähnt, mittlerweile nicht nur Irans größter Handelspartner, sondern auch sein Hauptlieferant für Industrieanlagen.

---

325   Vgl. Stewart, Sunrise at Abadan, S.11.
326   Vgl. Jaschinsky, Das deutsch-iranische Verhältnis im Lichte der alliierten Invasion in Iran 1941, S.161.
327   Hurewitz, The Middle East and North Africa in World Politics, Bd.2, S.241-242.

Zudem hing nun die Auslieferung der vor dem Krieg von der Tschechoslowakei bestellten Waffen vom guten Willen des Deutschen Reiches ab. Die Abhängigkeit von Großbritannien war ähnlich groß, da die Zahlungen der Erdöl-Royalties der AIOC an die iranische Regierung einen großen Teil ihrer gesamten Einkünfte darstellten und damit sowohl in Teherans ehrgeizigen Industrialisierungsplänen als auch zur Finanzierung der ausgedehnten Ankäufe von Kriegsmaterial eine essentielle Rolle spielten. Hinzu kam die vollkommene Kontrolle der britischen Flotte über den Persischen Golf, die den iranischen Handel, der über diesen Seeweg geleitet wurde, von Großbritannien zusätzlich abhängig machte.[328]

Der Schah hegte durchaus Sympathien für die deutsche Politik; so war bereits der Anschluss Österreichs ein Jahr zuvor als eine Großtat gefeiert worden, und einen Tag nach dem deutschen Einmarsch in die Tschechoslowakei hatte die iranische Regierung auf einem Geburtstagsempfang des Schahs dem deutschen Gesandten „herzliche Worte für Groß-Deutschland" bekundet.[329] Von einer Niederlage Großbritanniens erhoffte sich die iranische Regierung eine Befreiung von deren dominanter „Vormundschaft", in die Realpolitik flossen jedoch auch weitere Überlegungen. Sowohl britische als auch deutsche Quellen belegen, dass die Iraner große Furcht vor einer sowjetischen Invasion hegten und demnach ihre größten außenpolitischen Bemühungen darauf abzielten, eine stärkere Abhängigkeit von Moskau und besagte sowjetische Invasion zu verhindern. So bot sich dem Iran als einzige Möglichkeit, innerhalb des neutralen Rahmens eine eigenständige Außenpolitik zu betreiben, im Manövrieren und Hinwenden zu der einen oder anderen Seite, je nach der günstigsten Konstellation.[330]

Infolge der erwähnten intensiven Annäherung zwischen dem Iran und dem Deutschen Reich entwickelten sich innerhalb der iranischen Regierung zwei verschiedene außenpolitische Strömungen: Die erste unter Außenminister Muzaffar Alam hielt das deutsch-sowjetische Bündnis für sehr riskant,[331] da eine wirtschaftliche Abhängigkeit von Berlin auch Irans Abhängigkeit von der Sowjetunion vergrößern würde, und plädierte daher für die augenblickliche Einschränkung der wirtschaftlichen Beziehungen mit dem Deutschen Reich. Britische Quellen belegen, dass weniger als einen Monat nach Kriegsausbruch, Ende September 1939, der Iran in Großbritannien ausloten ließ, ob London bereit wäre, als Absatzgebiet für iranische Waren und als Lieferant für Industriewaren das Deutsche Reich zu ersetzen. Dies lehnte Whitehall jedoch ab. Die zweite Strömung unter Finanzminister Mahmud Bader argumentierte, dass Berlin sich für eine Verbesserung der iranisch-sowjetischen Beziehungen einsetzen und wie versprochen, die Sowjetunion beeinflussen würde, die Durchfuhr von Waren durch sowjetisches Gebiet zu erlauben. Zudem warnte Bader vor Maßnahmen, die die deutsche Regierung zu Sanktionen veranlassen könnten. In diesen Überlegungen spielten die deutschen Schulden im

---

328 Vgl. Hirschfeld, Deutschland und Iran im Spielfeld der Mächte, S.212-213.
329 Madani, Iranische Politik und Drittes Reich, S.135.
330 Vgl. Hirschfeld, Deutschland und Iran im Spielfeld der Mächte, S.213.
331 Vgl. Madani, Iranische Politik und Drittes Reich, S.135.

deutsch-iranischen Zahlungsabkommen in Höhe von 40 Millionen Reichsmark eine ebenso gewichtige Rolle.[332] Die vom Schah getroffene Entscheidung zielte vor allem darauf ab, eine Verwicklung des Landes in den Konflikt der Westmächte mit Nazi-Deutschland zu vermeiden und einer sowjetischen Besetzung Irans keinen Vorwand zu geben. Für den Augenblick setzte sich daher eine deutschlandfreundliche Politik durch.[333]

Doch sowohl das deutsch-sowjetische Bündnis als auch die geographische Entfernung zwischen dem Deutschen Reich und dem Iran führten zu einer Abhängigkeit der deutsch-iranischen Beziehungen von den politischen Absichten der Sowjetunion. So war der deutsch-iranische Handel vollkommen vom guten Willen Moskaus abhängig, da mit dem Ausbruch des Zweiten Weltkrieges und der britischen Seeblockade alle anderen Verbindungsmöglichkeiten ausgeschlossen waren.[334] Die sowjetische Führung versuchte, die iranische Zwangslage auszunutzen, um die eigene politische, wirtschaftliche und militärisch-strategische Position an ihrer Südflanke zu verbessern. Der sowjetische Überfall auf Finnland am 30. September 1930 verstärkte die iranischen Befürchtungen hinsichtlich einer sowjetischen Invasion und ging mit der Furcht vor einem geheimen Abkommen zwischen Hitler und Stalin einher, durch welches den Sowjets der Iran als Machtsphäre überlassen würde. Gerüchte über sowjetische Truppenzusammenziehungen Anfang Oktober 1939, von den Sowjets in die Welt gesetzt,[335] und vor allem die Nichteinhaltung deutscher Lieferverträge und Importzusagen,[336] die den Iran in eine schwierige wirtschaftliche Lage brachten, führten bereits Ende November 1939 zu einer Revision der bisherigen iranischen Politik gegenüber dem Deutschen Reich. Das Ziel bestand nun in einer Annäherung an Großbritannien und der britischfreundliche Khosrovi, der Bader als Finanzminister ersetzt hatte, traf Anordnungen, den Handel mit dem Deutschen Reich einzuschränken. Hinzu kam der Abschluss eines Geheim-Abkommens mit Großbritannien im Februar 1940, durch das dem Iran eine Anleihe von fünf Millionen Pfund zum Kauf britischer Erzeugnisse gewährt wurde, jedoch setzte das War Cabinet entgegen den Wünschen Teherans, die

---

332 So schloss beispielsweise die iranische Regierung mit Deutschland am 8. Oktober 1939 ein Abkommen über gegenseitige Handelsbeziehungen, das sich höchst vorteilhaft für die Deutschen darstellte. Vgl. Hirschfeld, Deutschland und Iran im Spielfeld der Mächte., S.213-218.

333 Vgl. Schneider, Die britische Iranpolitik im Zweiten Weltkrieg und der Ausbruch des Kalten Krieges, Teil 1, S.64.

334 Mitte September wurde die Grenze der Türkei für die Durchfuhr von Waren von und nach Deutschland gesperrt und Ende September beendigte die Lufthansa ihren Flugdienst in Iran. So konnten deutsche Güter, die im Gegenzug für bereits gelieferte iranische Waren verschifft worden waren, Iran kaum noch erreichen. Vgl. Jaschinksy, Das deutsch-iranische Verhältnis im Lichte der alliierten Invasion in Iran 1941, S.162.

335 Vgl. Stewart, Sunrise at Abadan, S.16.

336 Die Sowjetunion öffnete die entsprechende Transitstraße erst Mitte Dezember 1939.

Grenze zum Kauf von Waffen, insbesondere Flugzeugen bei einer Million Britischen Pfund fest.[337]

Irans Furcht vor einer sowjetischen Invasion wurde durch die Verlegung sowjetischer Truppen nach Baku, an der westlichen Küste des Kaspischen Meeres, zum Schutz der Ölanlagen vor angeblichen alliierten Bombenangriffen am 9. März 1940 verstärkt.[338] Im Zusammenspiel mit der dem iranischen Botschafter Moghadamm in London am 23.April 1940 offiziell übermittelten Weigerung des War Cabinet, dem Iran „zum gegenwärtigen Zeitpunkt" Flugzeuge zu liefern, verstärkte es das iranische Dilemma. Auf der einen Seite war die iranische Regierung dem Druck der Sowjetunion ausgesetzt, die eine Schwächung oder sogar Beseitigung des britischen Einflusses im Iran zum Ziel hatte; auf der anderen Seite war Großbritannien nicht bereit beziehungsweise nicht in der Lage, dem Iran militärischen Beistand zu leisten. Die Alternative war demnach eine militärische Aufrüstung mit deutscher oder amerikanischer Hilfe. Da Berlin und Moskau in Iran eng zusammenarbeiteten mit dem Ziel, die britische Position dort zu schwächen,[339] wandte sich der Schah mit dem Anliegen eines Kredites in Höhe von zehn Millionen Dollar für den Kauf von Militärflugzeugen zunächst an Washington. Die US-amerikanische Export-Import-Bank konnte jedoch unter anderem auf der Basis des Neutralitätsgesetzes von 1937 keine Kredite für den Ankauf von Militärgütern an ausländische Regierungen gewähren,[340] womit abermals die deutsche Bedeutung für den Iran stieg. Eine Note Crosthwaites vom 7. Mai 1940 reflektiert den schwindenden Einfluss Großbritanniens und die wachsende Relevanz des Deutschen Reiches:

„[…] Persia has in the past followed what was on the whole a sufficiently satisfactory policy from our point of view, not because she counted on our help, but because she was (whether rightly or wrongly) as much afraid of us as she was of Russia […]. Sir R. Bullard makes it clear that she is still afraid of Russia, but thinks

---

337 Vgl. Reader Bullard, Britain and the Middle East: From Earliest Times to 1963, London 1964, S.131.

338 Es existierte ein französisch-britischer Plan, Baku aus der Luft anzugreifen, um einem erwarteten Angriff der Sowjetunion auf die britischen Ölanlagen zuvorzukommen. Am 8. Mai 1940 schlug Sir Coverley Price dem War Office vor: „ […] it is therefore of vital importance that we should frustrate a Russian move before it takes place. We should convince both Shah and people that as far as the war goes we really mean business. We shall occupy the aerodromes first and we shall attack Baku." Die sowjetische Regierung erfuhr jedoch von dem Plan und reagierten dementsprechend. Vgl. Miron Rezun, The Iranian Crisis of 1941. The Actors: Britain, Germany and the Soviet Union, Köln u.a. 1982, S.38.

339 Der amerikanische Botschafter in Teheran informierte Washington darüber, dass "Germany has undoubtedly been inciting the Soviets to adopt a greater aggressive police toward Iran […] in the hope of weakening and perhaps eliminating British influence". Stewart, Sunrise at Abadan, S.23.

340 Aufgrund der Cash-and-Carry-Klausel vom 3.November 1939 konnte die USA zwar liefern, Iran hätte jedoch gleich in bar bezahlen müssen. Vgl. Schneider, Die britische Iranpolitik im Zweiten Weltkrieg und der Ausbruch des Kalten Krieges, Teil 1, S.66-69.

that Germany is winning the war and already regards Germany, and not ourselves, as the future counter-weight to Russia".[341]

Vor dem Hintergrund mangelnder Unterstützung von Seiten Whitehalls, dann der sich abzeichnenden deutschen Erfolge an der Westfront und schließlich dem Kriegseintritt Italiens am 10. Juni 1940 an der Seite des Dritten Reiches blieb dem Schah kaum etwas anderes übrig, als seine Außenpolitik wieder stärker den deutschen Interessen anzunähern. Dieser erneute Kurswechsel kündigte sich mit der öffentlichen Annullierung des erwähnten geheimen Anleiheabkommens mit Großbritannien an, die von der persischen Regierung vorsorglich auf Juni 1939 vordatiert wurde.[342] Diese Richtung wurde zudem verstärkt durch erneute Probleme zwischen Teheran und London in Bezug auf die Ölzahlungen. Die durch den Kriegsausbruch bedingte Drosselung der Ölförderung von 10,2 Millionen Tonnen 1938 auf 8,6 Millionen Tonnen 1940 führte zu einer Kürzung der AIOC-Zahlungen an die persische Regierung von 3,3 Millionen auf 2,8 Millionen Pfund.[343] Dies führte zu schweren Vorwürfen des iranischen Finanzministers Khosrovi gegenüber der britischen Regierung im Juli 1940 in der *Majlis*; die Situation eskalierte und endete in Forderungen einiger Abgeordneter nach der Annullierung der Konzession.[344] Die AIOC schloss zwar mit Teheran im August 1940 ein Abkommen, das der iranischen Regierung die Zahlung von vier Millionen Pfund, unabhängig von der Höhe der Ölförderung, für die Jahre 1940 und 1941 garantierte;[345] der Konflikt vergiftete jedoch die anglo-iranischen Beziehungen und bestärkte eine negative Stimmung gegenüber Iran innerhalb des Foreign Office. Der indische Außenminister Amery schrieb am 23. Juni 1940 seinem englischen Kollegen Halifax:

> „The question I would put to you, if there is a danger, is whether we should not deliberately do a deal with Russia over Iran, as Grey did in 1907 (or as Ribbentrop did over Poland last year!), encouraging her to do what she likes in the north so long as she recognises our interests in the south."[346]

Dieses Schreiben wurde von Halifax in dem Sinne beantwortet, sollte die iranische Regierung aufgrund der Besetzung des Landes zeitweise oder für immer abtreten müssen, sei dies für London nicht weiter tragisch, da sie sich hinsichtlich der AIOC-Konzession „schäbig" verhalten habe.[347] Die fortwährende Furcht der persi-

---

341 Ebd., S.69-70.
342 Vgl. Hirschfeld, Deutschland und Iran im Spielfeld der Mächte, S.240-241.
343 Vgl. Zuhayr Mikdashi, A Financial Analysis of Middle Eastern Oil Concessions, New York u.a. 1966, S.109.
344 Vgl. Hirschfeld, Deutschland und Iran im Spielfeld der Mächte, S.243.
345 Vgl. Kirk, The Middle East in the War, S.132.
346 Rezun, The Iranian Crisis of 1941, S.41.
347 Der Gedankengang einer erneuten Teilung Irans wurde jedoch von Großbritannien aufgrund seiner militärischen Schwäche in der Golfregion zu diesem Zeitpunkt nicht weiterverfolgt. Es waren keine zur Besetzung notwendigen Truppen vorhanden, so dass ein be-

schen Regierung vor einer sowjetischen Invasion sowie die Auseinandersetzungen um die verminderten AIOC-Zahlungen mit Großbritannien, welche die Beziehungen weiter getrübt hatten, kamen zwangsläufig den deutsch-iranischen Beziehungen zugute. Der pro-alliierte iranische Außenminister Alam trat zurück, seit Mitte September durften die Deutschen Propagandafilme in Iran zeigen und die iranischen Zeitungen veröffentlichten deutsche Artikel und Fotografien. Zudem kamen die Iraner dem Deutschen Reich in Handelsbesprechungen im Oktober 1940 so weit wie möglich entgegen.[348]

Hitlers Pläne zielten nach der verlorenen Luftschlacht über England Mitte September 1940 auf die Bildung eines kontinentalen Blocks, bestehend aus dem Deutschen Reich, Italien, Japan und der UdSSR ab.[349] Um die Sowjetunion zu ködern und gleichzeitig von Europa abzulenken erklärte Hitler, den Schwerpunkt sowjetischer territorialer Aspirationen im Süden ihres Staatsgebietes in Richtung des Indischen Ozeans „anzuerkennen". Die deutsche Regierung zeigte damit seine Bereitschaft, die über Jahre aufgebaute Position im Iran zugunsten eines guten Verhältnisses zur Sowjetunion (während der Planungen des Kontinentalblockes) aufzugeben.[350] Die britische Propaganda verkündete daher seit dem Besuch Molotows in Berlin am 10. November 1940 den „Verkauf Irans an die Sowjetunion durch Deutschland".[351]

Die Sowjetunion pochte jedoch ebenfalls auf Klärung ihrer weiteren Interessensphären am Balkan, den Dardanellen und den baltischen Staaten. Dies beinhaltete für Hitler die Gefahr eines gigantischen sowjetischen Einkreisungsmanövers und führte schließlich dazu, dass der deutsche Plan eines Angriffs auf die Sowjetunion am 18. Dezember 1940 unter dem Kennwort „Barbarossa" Gestalt annahm. Irans Rolle für das Deutsche Reich war für „die Zeit nach Barbarossa" relevant: es sollte vom Kaukasus her besetzt werden, eine kleine deutsche Abteilung würde nach Indien vorstoßen um dort einen Angriff vorzutäuschen, während die Hauptmacht auf den Irak zurollte. Um dafür den Boden zu bereiten, war es für Berlin daher weiterhin wichtig, den deutschen Einfluss im Iran zu wahren oder zu vergrößern. Im Zuge dieser Planungen wurde den iranischen Industrialisierungs- und Aufrüstungswünschen wohlwollend begegnet, zwischen Januar und Juni kamen

---

fürchtetes weiteres Vorrücken der Sowjetunion über Nordiran hinaus nicht hätte vermieden werden können. Vgl. Schneider, Die britische Iranpolitik im Zweiten Weltkrieg und der Ausbruch des Kalten Krieges, Teil 1, S.97 und S.140.

348 Vgl. Hirschfeld, Deutschland und Iran im Spielfeld der Mächte, S.251.

349 Der Block war offen gegen die USA und Großbritannien gerichtet. Hitler glaubte, eine solche Koalition würde ihm die Kontrolle über das Mittelmeer geben, Großbritannien aus dem Mittleren Osten vertreiben und somit schließlich in die Knie zwingen. Vgl. ebd., S.247.

350 Seit September 1940 liefen parallel Bemühungen, den Krieg gegen die Sowjetunion vorzubereiten sowie die Sowjetunion in den europäisch-asiatischen Block einzugliedern.

351 Vgl. Glaesner, Das Dritte Reich und der Mittlere Osten, S.317-318.

mehrere Waffenlieferungen und zudem Lokomotiven und Eisenbahnwagen im Wert von knapp 25 Millionen Reichsmark in Iran an.[352] Der Iran wiederum war sich seiner Köder-Rolle für die Sowjetunion durchaus bewusst, so dass Ministerpräsident Ali Mansur am 13. April 1941 Erwin C. Ettel, seines Zeichens SS-Oberführer und seit Oktober 1939 Gesandter in Teheran, un-umwunden von seiner Überzeugung berichtete, die Deutschen hätten den Iran an die Sowjetunion verkauft. Zudem schilderte Finanzminister Khosrovi den britischen Verantwortlichen vor Ort verzweifelt die Furcht der iranischen Bevölkerung vor einer sowjetischen Invasion. Er bat um militärische und industrielle Lieferungen und beendete die Zusammenkunft mit einem dramatischen „Bitte, helfen Sie uns!"[353] Vor diesem Hintergrund war die iranische Politik gegenüber Berlin höchst vorsichtig. Dies zeigte sich besonders deutlich in den Entwicklungen um den irakischen Aufstand, der am 2. April 1941 mit einem Staatsstreich Rashid Ali el-Gailanis begann und sich gegen den britischen Einfluss im Irak richtete.[354] Die Deutschen unterstützten den Aufstand relativ spät und halbherzig mit militärischen Mitteln, und suchten die Iraner zur Mithilfe für Waffen- und Treibstofflieferungen zu ge-winnen. So wollte die deutsche Regierung neben den an Iran zu liefernden Waffen weitere Waffensendungen an die iranische Regierung adressieren, „sie tatsächlich aber entweder im Irak hängen [...] lassen oder vom Iran nach dem Irak gelangen [...] lassen".[355] Dies war nur unter Mitwirkung der iranischen Regierungsstellen möglich, da der Transit durch die Türkei auf diplomatischem Wege vom Iran an-gemeldet werden musste. Der Schah jedoch ließ sich nicht in den Aufstand invol-vieren, da er wusste, dass eine iranische Mitwirkung London nicht unbekannt blei-ben, zu einem britischen Eingreifen führen und damit wieder die Automatik des persisch-sowjetischen Freundschaftsvertrages von 1921 aktivieren würde.[356] Fabry argumentiert, dass der Hauptgrund für Irans Ablehnung darin lag, dass es den Aus-bruch des irakischen Aufstandes als erstes Stadium eines Teilungsabkommens zwi-schen dem Deutschen Reich und der Sowjetunion über den Mittleren Osten be-trachtete.[357] Wieder versuchte die iranische Regierung mit allen Bällen zu jonglieren,

---

352 Vgl. Hirschfeld, Deutschland und Iran im Spielfeld der Mächte, S.252-255.
353 Vgl. ebd., S.236 und S.261.
354 Vgl. Schneider, Die britische Iranpolitik im Zweiten Weltkrieg und der Ausbruch des Kal-ten Krieges, S.128-129. Für mehr über den irakischen Aufstand siehe Daniel Silverfarb, Britain's Informal Empire in the Middle East: A Case Study of Iraq 1929-1941, New York 1986.
355 ADAP, D XII.2, Nr. 466, S.606. Für den Treibstoff sollte Iran entweder der „Deutschen Regierung nach dem Irak" oder der irakischen Regierung selbst Flugbenzin liefern oder an die Sowjetregierung herantreten, auf eigene Rechnung sowjetisches Benzin kaufen und über Tabriz nach Mossul befördern. Vgl. ADAP, D XII.2, Nr. 541, S.710-711.
356 Vgl. Glaesner, Das Dritte Reich und der Mittlere Osten, S.322.
357 Deutschland hatte Bulgarien und Griechenland unter seine Gewalt gebracht, durch Vichy-Frankreich zudem Syrien und versuchte nun, den Irak zu gewinnen. Vgl. Philipp W. Fabry, Die Sowjetunion und das Dritte Reich: Eine dokumentierte Geschichte der deutsch-sowjetischen Beziehungen von 1933 bis 1941, Stuttgart 1971, S.301.

um es sich mit keiner Macht zu verderben und gleichzeitig die eigene Souveränität zu wahren. Auf der einen Seite ignorierten sie die deutschen Bitten um Kooperation im Irak, halfen der britischen Regierung und stärkten damit deren Stellung in der Region.[358] Auf der anderen Seite suchte Teheran die Deutschen zu beschwichtigen, indem es beispielsweise den pro-britischen Khosrovi und dessen jüdische Mitarbeiterin Goldberg entließ.[359] Irans Unterstützung Großbritanniens erfolgte auf diese Weise nicht auf Kosten der deutsch-iranischen Beziehungen.

Irans Schwindel erregende Pendelpolitik nach Ausbruch des Zweiten Weltkrieges ist besonders vor dem Hintergrund seines begrenzten Handlungsspielraumes zu deuten. Da im Rahmen des persisch-sowjetischen Freundschaftsvertrages nur eine neutrale Haltung möglich war, bemühte sich Teheran innerhalb dieses Korsetts im jeweiligen Hinwenden zu der einen oder anderen Kriegspartei den Handel sowie die ambitionierten Industrie- und Waffenlieferungen nicht zu gefährden beziehungsweise weiterzuführen. Die steigende Furcht vor einer sowjetischen Invasion, von diesen geschickt durch Druckmaßnahmen und Gerüchte über Truppenzusammenführungen an der gemeinsamen Grenze weiter verstärkt, wurde zudem bestimmender Faktor der iranischen Außenpolitik. Da Großbritannien in dieser Situation militärisch weder in der Lage noch willens war, dem Iran zu helfen, stellte eine deutschfreundliche Politik trotz dessen Nichtangriffspaktes mit der Sowjetunion die einzige Möglichkeit für die iranische Regierung dar, die Industrialisierung fortzuführen, aufzurüsten und zu hoffen, über Berlin die Beziehungen zu Moskau verbessern zu können. Doch die ewige Furcht des Iran vor einem deutschen „Verkauf" an die Sowjetunion, potenziert durch den Besuch Molotows in Berlin im November 1940, bestärkte die Regierung unter Reza Schah in ihrem vorsichtigen Pendel-Kurs, der es unter allen Umständen vermied, die Brücken zu einem der Großmächte abzureißen. Diese Einstellung fand im Kontext des vom Dritten Reich unterstützten Irak-Aufstandes seinen Höhepunkt. Teheran stützte die britische Kriegsführung soweit es möglich war, da es eine deutsch-sowjetische Aufteilung des Mittleren Ostens befürchtete, war jedoch gleichsam darauf bedacht, die deutsch-iranischen Beziehungen nicht zu gefährden. Innerhalb des engen Korsetts, welches ihm durch den Neutralitäts-Status, den Artikel 6 des persisch-sowjetischen Freundschaftsvertrages sowie seiner niedrigen Priorität für die Großmächte auferlegt war, suchte der Iran dennoch so weit wie möglich eigenständig zu handeln.

---

358 Iran bewachte unter anderem fünf deutsche Schiffe streng, die in Bandar Shapur vor Anker lagen, damit diese nicht den britischen Versorgungsweg über den Schatt el-Arab besetzten. Zudem entbrannte infolge der Kämpfe in Iran ein Propagandakrieg zwischen Iran und den Achsenmächten. Vgl. Hirschfeld, Deutschland und Iran im Spielfeld der Mächte, S.263-264.

359 Vgl. ebd., S.265.

4.2 Die Deutschen im Iran. Propaganda- und Agententätigkeiten – eine fünfte Kolonne?

Innerhalb der verschiedenen deutschen Ministerien war man sich trotz unterschiedlicher Haltungen gegenüber dem Iran darüber einig, dass die Gegenwart deutscher Staatsbürger dort aus politischen, wirtschaftlichen und propagandistischen Gründen äußerst wichtig war; zumal es den Anschein hatte, als ob der Iran, wie beim Ausbruch des Ersten Weltkrieges, erneut der einzige deutsche Stützpunkt im Mittleren Osten bleiben würde. Daher war Berlin viel daran gelegen, wenigstens im Iran (und in Afghanistan) seine Stellung zu behaupten, in erster Linie als Stützpunkt für spätere Aktionen im Mittleren Osten und/oder gegen Indien.[360] Die wirtschaftliche Relevanz des Iran für das Deutsche Reich war auf dessen Bedarf an iranischen Rohstoffen zurückzuführen, der Furcht vor den Auswirkungen der Wirtschaftsblockade und der Tatsache, dass das Deutsche Reich für einen langen Krieg nicht gerüstet war. Vor diesem Hintergrund wurde der Iran vom Reichswirtschaftsministerium der „Ländergruppe I" zugeordnet, also den Gebieten, deren Lieferungen die größte Wichtigkeit zugesprochen wurde.[361] Um den Iran als Basis im Mittleren Osten zu erhalten und die ungestörte Lieferung von iranischen Rohstoffen zu sichern, lag es demnach im Interesse der deutschen Regierung, Teheran in seiner Neutralitätspolitik zu bestärken; auf diese Weise konnte auch die Neutralität der Türkei gewährleistet und zumindest vorläufig das Gebiet aus dem Krieg herausgehalten werden.[362] Wie sich die deutsche Politik in dem nun zur „Ländergruppe I" gehörenden Iran nach Ausbruch des Zweiten Weltkrieges ausdrückte, soll im Folgenden unter besonderer Berücksichtigung der Propaganda- und Agententätigkeiten und dem Vorwurf einer deutschen fünften Kolonne geklärt werden.

1933 war deutsche Propaganda im Iran noch auf den „Deutschen Radiodienst" beschränkt – ein Zirkular, das man täglich an die persische Presse sowie in deutscher, persischer und französischer Sprache an Privatabonnenten lieferte. 1935 stellte das Goebbels-Ministerium Mittel „für eine stärkere Beeinflussung der iranischen Presse, wie auch auf dem Gebiete des Lichtbildwesens, Bücher und Zeitschriftenversendung usw." bereit.[363]

Mit dem Ausbruch des Krieges vergrößerte Berlin seine Propaganda-Tätigkeiten im Iran,[364] und entfaltete eine lebhafte Aktivität zur Beeinflussung der

---

360 Einen solchen Plan schlug beispielsweise von Papen, der deutsche Botschafter in Ankara, vor. Vgl. Hirschfeld, Deutschland und Iran im Spielfeld der Mächte, S.217.

361 Dies geschah, obwohl die deutsche Einfuhr aus Iran nur einen sehr kleinen Teil der deutschen Gesamteinfuhr ausmachte (1,2% im Jahr 1939). Vgl. ebd. S.218.

362 Vgl. ebd., S.217-218.

363 Vgl. Küntzel, Die Deutschen und der Iran, S.43.

364 Die vorhandenen deutschen Dokumente sind über das Propagandawesen im Allgemeinen nicht sehr aufschlussreich, da es vom Goebbels-Ministerium geleitet wurde, dessen Dokumente und Akten verbrannt wurden. Dies trifft auch auf die Dokumente der deutschen Gesandtschaft zu. Die Verbrennung der Geheimdokumente der Gesandtschaft wird be-

gesellschaftlichen Meinung im Lande. Angeleitet wurde die Propaganda im Iran durch Rosenbergs Außenpolitisches Büro der NSDAP und die Auslandsabteilung von Goebbels' Propagandaministerium, die in engem Kontakt mit dem Außenministerium und der Obersten Heeresleitung arbeiteten. Unmittelbar verantwortlich für die Propaganda-Arbeit im Iran war der Kulturattaché Winkler, der über einen besonderen Stab von zehn Personen und mehrere Übersetzer verfügte.[365] Es wurden Radiosendungen in persischer Sprache eingeführt. Eine persische Zeitschrift, die zuerst „Iranisch-Deutscher Courier" und später „Die neue Welt" hieß, wurde veröffentlicht und bereits bestehende Mittel deutscher Propaganda wie die „Orient-Nachrichten" und das „Bulletin der deutsch-iranischen Handelskammer" (welches nun auch in persischer Sprache erschien), die sich bisher bemüht hatten, unpolitisch zu erscheinen, wurden zu Werkzeugen deutscher Kriegspropaganda. Zudem begann die deutsche Gesandtschaft deutsche Staatsangehörige zur Verbreitung einer „Flüsterpropaganda" zu organisieren[366]: Eine Art von Beeinflussung durch die vermeintlich von der Politik geheim gehaltene Dinge langsam unter die Bevölkerung gebracht wurden, und die sich als das wirksamste Propagandainstrument erwies. Wie aus deutschen Dokumenten hervorgeht, bestand die Aufgabe der so genannten Propagandaträger neben der erwähnten Verbreitung deutscher Propagandathemen in der Verbreitung der Drucksachen, der Beobachtung des Echos sämtlicher Propagandamittel, der Sammlung von Informationen (besonders der für die Propaganda-Arbeit wichtigen) und der Beobachtung der Feindpropaganda.[367]

Ferner verbuchte die deutsche Propaganda Erfolge, indem sie iranische Zeitungen überredete, den Berichten der deutschen Nachrichtenagenturen Vorrang zu geben. Man konnte im Zuge dessen eine Haltung der iranischen Presse feststellen, die den Interessen der Achsenmächte propagandistisch entgegenkam. Hier spielte vor allem die offiziöse iranische Zeitung „Ettel'at" eine führende Rolle.[368] Eine weitere Säule der deutschen Propaganda stellte die von einer deutschen Firma gebaute Teheraner Rundfunkstation dar, welche Ettel im April 1940 dem Schah „als Geschenk des deutschen Volkes" übergab. Dieser Sender entwickelte sich alsbald zu einem blühenden Propagandainstrument für das Dritte Reich. Mit Hilfe deutscher Spezialisten, die im Rundfunksender arbeiteten, erlangte die deutsche Agentur die Kontrolle über das iranische Radiowesen und störte die Übertragungen des britischen Radios. Der britische Gesandte Sir Reader Bullard berichtete sogar, die Nachrichten der iranischen Presse würden in einem Verhältnis von 2:1 oder sogar 3:1 aus anti-alliierten Quellen bezogen. Er lamentierte 1940: „Selbst wenn wir auf Persisch sendeten, könnten wir mit den deutschen Höreranteilen nicht konkurrieren, weil ihr eher gewalttätiger und beleidigender Stil mit übertriebenen Behauptun-

---

schrieben in Bernhard Schulze-Holthus, Frührot in Iran, Abenteuer im deutschen Geheimdienst, Esslingen 1952, S.71.

365 Vgl. Madani, Iranische Politik und Drittes Reich, S.266.

366 Vgl. Hirschfeld. Deutschland und Iran im Spielfeld der Mächte, S.219-220.

367 Vgl. Madani, Iranische Politik und Drittes Reich, S.256-257.

368 Vgl. ebd., S.258.

gen [...] beim persischen Publikum gut ankommt".[369] Eine von Hitler am 23. Mai 1941 unterschriebene Direktive mit dem Titel „Mittlerer Osten" befahl die Stärkung der Propaganda in dieser Region unter der Losung „Der Sieg der Achsenmächte wird den Ländern des Mittleren Ostens die Befreiung vom englischen Joch bringen."[370] Zusammen mit der vermehrten Propaganda wurde zudem die Agenten- und Spionagetätigkeit ausgeweitet. In welchem Maße dies stattfand, soll hier untersucht werden.

Offizielle iranische Quellen bezifferten die Anzahl der im Iran arbeitenden Deutschen im Juli 1941 mit 690, während die britischen Angaben zwischen 1500 und 3000 rangierten.[371] Viele der deutschen Staatsbürger waren lediglich Techniker, die mit ihren Frauen und Kindern im Iran lebten. Es ist wahrscheinlich, dass die britischen Schätzungen Letztere in ihre Berechnungen miteinschlossen,[372] womit zwischen den persischen und britischen Angaben keine große Diskrepanz mehr bestünde. Die deutsche Kolonie, welche im *Deutschen Haus* in Teheran organisiert war, unterlag der Aufsicht des Gesandten und Landesgruppenleiters Ettel. Viele der erwähnten Deutschen arbeiteten bei großen Konzernen wie Siemens, I.G. Farben, Krupp und Hochtief, welche in anderen Ländern verdächtigt wurden, Geheimagenten auf ihrer Gehaltsliste zu führen.[373]

In welchem Maße von der deutschen Gesandtschaft im Iran jedoch tatsächliche konspirative Tätigkeiten ausgingen, ist in der Forschung nach wie vor ebenso kontrovers diskutiert wie die Frage nach der Anzahl der Deutschen im Iran im Sommer 1941 insgesamt. Madani argumentiert, dass an der Untergrundarbeit auch Familienmitglieder beteiligt gewesen waren, zudem viele deutsche Frauen mit englischen und iranischen Angestellten der AIOC verheiratet gewesen waren. Ferner müssten die Deutschen berücksichtigt werden, welche Pässe anderer Länder besaßen oder bei nicht-deutschen Firmen arbeiteten. „Aus diesem Grunde ist zu vermuten, daß im Moment des Überfalls auf die UdSSR die Zahl der faschistischen Agenten im Iran nicht weniger als 3-4.000 Personen betrug."[374] Zudem beschreibt er, dass das Deutsche Reich allein in den ersten acht Monaten des Jahres 1941 auf verschiedenen Wegen insgesamt 11 000 Tonnen Kriegsgerät und Munition importiert und in Lagern aufbewahrt hätte, das nach dem sowjetischen Einmarsch im Nordiran entdeckt worden sei. Madani bezieht sich jedoch ausschließlich auf Quellen aus der Sowjetunion,[375] die ein Interesse daran hatte, die deutsche Gefahr im

---

369 Reader Bullard, Letters from Tehran, London/New York 1991, S.28.
370 Vgl. Madani, Iranische Politik und Drittes Reich, S.260-261 .
371 Siehe dazu auch Kapitel 4.3.
372 Vgl. Kirk, The Middle East in the War, S.132.
373 Vgl. ebd.
374 Madani, Deutsche Politik und Drittes Reich, S.266.
375 Er zitiert unter anderem Semen Lvovic Agaev, Der deutsche Imperialismus im Iran 1919-1945, Moskau 1969 (russisch). Ähnlich übertriebene Angaben finden sich in Hans Gossens (Hg.), Geschichte des Großen Vaterländischen Krieges der Sowjetunion, Bd.2, Berlin 1963, S.232.

Iran zu dramatisieren. Dies sowohl vor der Invasion, um den Druck auf Großbritannien zu erhöhen, als auch danach, um eben diese Invasion zu legitimieren.[376]

Rezun wiederum räumt zwar ein, dass die Anzahl der Deutschen in Iran von den Sowjets übertrieben worden war, "but to the Soviet Union the number of Germans was irrelevant; rather it was the position they occupied".[377] Er argumentiert, dass es Praxis der pro-deutschen iranischen Regierung gewesen sei, ohne Wissen Reza Schahs eine große Anzahl Deutscher mit iranischen Papieren in Schlüsselpositionen der Industrie untergebracht zu haben."[378] Es ist zwar richtig, dass viele Deutsche im Kommunikationssektor angestellt waren, inwiefern sich diese Stellen jedoch tatsächlich destabilisierend auf das Regime beziehungsweise die alliierte Kriegsführung hätten auswirken können, beantwortet er nicht. In diesem Zusammenhang weist Eshraghi zudem berechtigterweise auf Reza Schahs allumfassende Kontrolle über den Regierungsapparat und die Überwachung der im Iran beschäftigten Ausländer bis zum Tage der anglo-sowjetischen Invasion am 25. August 1941 hin,[379] die Rezuns Argument eines unwissenden Schahs in Frage stellen. Eine weitere Aussage Rezuns über die angebliche deutsche Kontrolle über die iranische Armee sollte ebenfalls kritisch betrachtet werden. Er schreibt „by 1941 the Germans had considerable control over the Iranian armed forces. [...] it was commonly known that there was a strong pro-German element in the army and that the Government was weak."[380] Die iranischen Offiziere waren zwar durchaus beeindruckt von der deutschen Kriegsmaschinerie und hegten pro-deutsche Sympathien. Es gibt jedoch keinerlei Dokumente, die eine deutsche Kontrolle über die iranische Armee belegen; im Gegenteil scheint Reza Schah diese bis zum Tage der anglo-sowjetischen Invasion fest im Griff gehabt zu haben,[381] wenn sie auch nach der Invasion ein sehr zweifelhaftes Bild ihrer Geschlossenheit vermittelte.[382]

Auch Hirschfeld bezweifelt, dass eine wahre Gefahr von der deutschen Kolonie im Iran ausging. Er beschreibt die intensiven Bemühungen des deutschen Agenten Schulze-Holthus', im Norden Irans enge Kontakte mit der azerbaijanischen Musavat-Bewegung und armenischen Nationalisten herzustellen.[383] Es wurde

---

376 Hauner schreibt dazu: „As for the role of German agents in both Iran and Afghanistan, their significance was highly exaggerated by the Allies for the purposes of propaganda and for finding an easy justification for the planned occupation of these two countries. Hauner, Milan L., Afghanistan between the Great Powers, 1938 – 1945, in: International Journal of Middle East Studies 14, 4 (Nov., 1982), S.491. Siehe dazu auch Kapitel 4.3 und 4.4.

377 Vgl. Rezun, The Soviet Union and Iran, S.358.

378 Ebd.

379 Vgl. Eshraghi, Anglo-Soviet Occupation of Iran in August 1941, S.50

380 Rezun, The Soviet Union and Iran, S.354.

381 Siehe dazu auch Eshraghi, Anglo-Soviet Occupation of Iran in August 1941, S.50-51.

382 Vgl. Kapitel 4.4.

383 Vgl. dazu auch Patrick von zur Muehlen, Zwischen Hakenkreuz und Sowjetstern – Der Nationalismus der sowjetischen Orientvölker im Zweiten Weltkrieg, Düsseldorf 1971, S.105-118.

ein gemeinsamer Plan für einen Militärangriff auf die Ölfelder von Baku ausgearbeitet, der beabsichtigte, die sowjetisch-iranische Grenze mit 1000 Mann Kavallerie und 3000 Mann gut ausgerüsteter Infanterie, alles Armenier, zu überschreiten. Die 4000 Mann hätten jedoch einer sowjetischen Verteidigungsmacht nicht hätten standhalten können. Selbst wenn diese Expedition erst dann begonnen hätte, wenn deutsche Truppen sich dem Kaukasus genähert hätten, schien sie demnach ein hoffnungsloses Unternehmen und Schulze-Holthus stand dem Plan wohl selbst skeptisch gegenüber.[384] Hirschfeld schlussfolgert: „Außer diesem abwegigen deutsch-armenischen Plan ist weder in deutschen noch britischen Dokumenten noch in irgendwelchen anderen Militärplänen, die mit Iran im Zusammenhang standen, der Beweis einer Tätigkeit zu finden, die in die Kategorie einer fünften Kolonne eingereiht werden könnte."[385] In dieses Bild fügt sich auch die Beobachtung des britischen Gesandten Bullard vom Juli 1941, dass sie trotz zahlreicher Gerüchte „erstaunlich wenig Beweismaterial über die Tätigkeit einer fünften Kolonne entdecken [konnten]."[386]

Die Gefahr von Sabotageakten seitens der deutschen Kolonie, welche der alliierten Kriegsführung hätten schaden können, war natürlich durchaus gegeben. So konnten die Mannschaften der fünf deutschen Schiffe im Hafen von Bandar Schapur eines oder mehrer der britischen Schiffe im Schatt al-Arab versenken und auf diese Weise die britische Seeverbindung zwischen Indien und Irak unterbinden. Die Deutschen, die am Bau eines Teiles der Teheran-Tabriz-Eisenbahn arbeiteten und täglich Dynamit und andere Sprengstoffe verwendeten, hatten die Möglichkeit, zum gegebenen Zeitpunkt Sabotageakte auszuführen. Ferner konnten Angestellte der deutschen Gesandtschaft in Teheran und des deutschen Konsulats in Tabriz, Lehrer an Hochschulen und Tierärzte, die über verschiedene Provinzen zerstreut waren sowie deutsche Geschäftsleute mit Beziehungen zu örtlichen Gruppen und Behörden eine wirkungsvolle Propaganda betreiben und den deutschen Berufsagenten tatkräftige Hilfe leisten.[387] Die Anzahl dieser Agenten der Abwehr und des Sicherheitsdienstes (wie der erwähnte Schulze-Holthus, betrug nach allen Berichten jedoch höchstens zehn.[388] Durch ihre Verbindungen mit der nationalistisch-seperatistischen Bewegung „Musavat" der Azerbaijaner, der nationalistischen Bewegung der Armenier, dem Qaschqa'i-Stamm im Süden Irans, den Belutschi-Stämmen im Südosten und mit pro-deutschen iranischen Politikern, Beamten, Mitgliedern der Armee und Geschäftsleuten konnten sie den Alliierten zwar gefährlich

---

384 Hirschfeld, Deutschland und Iran im Spielfeld der Mächte, S.274.
385 Ebd.
386 Vgl. ebd., S.275.
387 Vgl. Seyed Mehdi Farokh, Khaterate Siyasi-ye Farokh (Farokhs politische Erinnerungen), Teheran 1965, S.487-488.
388 Vgl. Hirschfeld, Deutschland und Iran im Spielfeld der Mächte, S.277, Schröder, Deutschland und der Mittlere Osten, S.256, Tillmann, Deutschlands Araberpolitik im Zweiten Weltkrieg, S.296, Schneider, Die britische Iranpolitik im Zweiten Weltkrieg und der Ausbruch des Kalten Krieges, Teil 1, S.147.

werden und die deutschen Kriegsziele unterstützen.[389] Trotz dieser latenten Gefahrenherde sollten die Realitäten aber dennoch im Auge behalten werden. Die Zahl der Deutschen im Iran, zumal der deutschen Agenten, war wie erwähnt bedeutend geringer als oft in zeitgenössischen, vor allem sowjetischen Darstellungen, behauptet. Zudem wurden Deutsche wie alle anderen Ausländer von den iranischen Behörden überwacht, dies wussten auch die britischen Machthaber.[390] Ebenso überwacht wurden die deutschen Schiffe in Bandar Shapur von zwei iranischen Kanonenbooten, auch diese Sabotagemöglichkeit war demnach als gering einzuschätzen.[391] Hatten deutsche Angestellte durch die Positionen im Eisenbahnbau Zugang zu Sprengstoff, so hatten sie dennoch weder Waffen noch Munition. Zudem hatten sie keine Möglichkeit, sie ohne Wissen und Zustimmung der iranischen Behörden in größeren Mengen aus dem Deutschen Reich einzuführen. Die Weigerung der iranischen Regierung, während des irakischen Aufstandes im Mai 1941 auf deutsches Drängen Waffentransporte nach Iran zu gestatten, belegt dies.[392] Nach dem deutschen Angriff auf die Sowjetunion wurden solche Lieferungen sogar noch schwieriger, da der einzige Weg, der für die deutsche Durchfuhr offen blieb, über türkisches Gebiet führte. Da der britischen Regierung vor diesem Hintergrund handfeste Beweise für die Tätigkeiten einer fünften Kolonne fehlten, war in einer Besprechung des War Cabinet mit dem britischen Außenminister Anthony Eden am 11. Juli 1941 – wesentlich anders als später in der Öffentlichkeit dargestellt – lediglich lakonisch festgestellt worden:

> „The technicians employed by the Iranian Government were engaged on the Shah's programme of industrial development and not in the oilfields. Though there was not direct evidence of Fifth Column activity, the fact that many of them had been there for over five years gave them opportunities for subversive activities."[393]

Ferner setzte sich im Sommer 1941 in Folge des wachsenden anglo-sowjetischen Drucks auf den Iran[394] unter der deutschen Militärführung die Tendenz durch, die Unterstützung von Aufständischen im Kaukasus innerhalb des persischen Territoriums grundsätzlich zu vermeiden. Dies hätte nur zu einer Verringerung des iranischen Vertrauens gegenüber der deutschen Regierung geführt und somit Whitehall in die Hände gespielt. Die Agenten im Süden Irans wurden ebenfalls angewiesen, weiterhin an ihrem Platz zu bleiben. Daher erscheint die Feststellung des britischen

---

389 Vgl. Hirschfeld, Deutschland und Iran im Spielfeld der Mächte, S.276-277.
390 Vgl. Schneider, Die britische Iranpolitik im Zweiten Weltkrieg und der Ausbruch des Kalten Krieges, Teil 1, S.147.
391 Nach dem britischen Einmarsch in Südpersien versenkten sich zwei deutsche Frachter in besagtem Hafen, behinderten die Schifffahrt jedoch nicht weiter. Vgl. Mohammed Reza Pahlavi, Im Dienste meines Landes, Zürich 1964, S.60.
392 Vgl. Kapitel 4.1.
393 Schneider, Die britische Iranpolitik im Zweiten Weltkrieg und der Ausbruch des Kalten Krieges, Teil 1, S.148.
394 Siehe dazu Kapitel 4.3 und 4.4.

Geheimdienstes nicht überraschend, dass die fünfte Kolonne wohl nicht gut organisiert gewesen sei, weil zahlreiche Sabotagemöglichkeiten ungenutzt geblieben seien.[395]

Es bleibt festzuhalten, dass der deutsche Propagandafeldzug im Iran durchaus erfolgreich war und die iranische Berichterstattung zugunsten der Achsenmächte beeinflussen konnte. Hier hatte Großbritannien das Nachsehen. Außerdem nährte das Deutsche Reich durch persischsprachige Veröffentlichungen und Radiosendungen die pro-deutschen Sympathien und machten ihre ehemals unpolitischen Medien zu Werkzeugen deutscher Kriegspropaganda. Die konspirativen Tätigkeiten der Deutschen in Iran waren indes weit weniger erfolgreich, wurden gleichwohl in den zeitgenössischen Darstellungen, vor allem den sowjetischen, in hohem Maße übertrieben. Es befanden sich höchstens tausend deutsche Männer im Iran, eher weniger, davon waren die meisten Techniker, die schon seit Jahren mit ihren Familien dort lebten. Lediglich zehn Agenten waren über das Land verteilt. Sie alle wurden, wie andere Ausländer im Iran, von den iranischen Behörden überwacht. Ihre Sabotagemöglichkeiten im Hafen Bandar Shapur und ihre Einflussmöglichkeiten in Zusammenarbeit mit den separatistischen Bewegungen und Stämmen Irans waren sehr begrenzt. Zwar waren viele Deutsche durch den Bau des Eisenbahnabschnitts Teheran-Tabriz im Norden theoretisch an strategisch günstigen Positionen zu finden, eine tatsächliche Gefahr ging jedoch auch von ihnen im Sommer 1941 nicht aus, zumal sie keine Möglichkeiten hatten, an deutsche Waffen- oder Munitionslieferungen zu gelangen. Vor dem Hintergrund dieser Fakten kann demnach kaum von einer deutschen fünften Kolonne im Iran gesprochen werden. Die Gefahr einer fünften Kolonne wurde vielmehr von den Sowjets hochgespielt, da diese ein großes Interesse daran hatten, zu ihrer eigenen Sicherheit die Deutschen aus dem Iran zu entfernen. Die britische Regierung war sich dieser Tatsache bewusst und akzeptierte die sowjetische Strategie. Dies wird im Folgenden erläutert und untersucht werden.

---

395 Vgl. Schneider, Die britische Iranpolitik im Zweiten Weltkrieg und der Ausbruch des Kalten Krieges, Teil 1, S.146.

4.3 Churchill und Stalin: die „unheilige" Allianz und die Iran-Frage

Großbritannien suchte schon seit der zweiten Hälfte 1940, die Beziehungen zu der Sowjetunion zu verbessern, wurde aber in ihren Avancen von Moskau zurückgewiesen, welches mit dem deutsch-sowjetischen Freundschaftspakt vom 10. Januar 1941 den Vertrag von 1939 sogar noch erneuert hatte.[396] Whitehall hatte die sowjetische Regierung bereits einige Male auf die drohende Gefahr einer deutschen Invasion in der Sowjetunion hingewiesen, so informierte Eden Ivan Maisky, den sowjetischen Botschafter in London, am 13. Juni 1941 darüber, dass das Deutsche Reich definitiv seine Truppen gegenüber der Sowjetunion zusammenzöge und „in the event of such hostilities, we should be ready to send a mission representing all three services to Russia."[397] Die sowjetische Führung zeigte sich von den Hilfsangeboten jedoch kaum beeindruckt, da es keine klaren Anzeichen dafür gab, ob ein deutscher Angriff auf die Sowjetunion tatsächlich bevorstand oder ob die Truppenzusammenziehungen Stalin lediglich einschüchtern sollten. Der deutsche Überfall auf die Sowjetunion am 22. Juni 1941 hatte jedoch zwangsläufig eine Revision sowohl der sowjetischen als auch der britischen Strategie zur Folge. Noch am gleichen Tag hielt Churchill eine im Radio übertragene Rede, in der er Moskau die uneingeschränkte britische Unterstützung für den Kampf gegen Hitler zusagte: „Any man or state who fights on against Nazidom will have our aid. [...] It follows, therefore, that we shall give whatever help we can to Russia and the Russian people. [...][398] Er sah in dem deutschen Angriff auf die Sowjetunion die Vorstufe zu einem Angriff auf Großbritannien und proklamierte:

> "The Russian danger is, therefore, our danger, and the danger of the United States, just as the cause of any Russian fighting for his hearth and home is the cause of free men and free peoples in every quarter of the globe."[399]

Im britischen Kabinett und den britischen Militärkreisen herrschte Übereinstimmung darüber, dass das deutsche Militär die Sowjets in vier bis sechs Wochen besiegen würde,[400] der deutsche Durchmarsch durch das bolschewistische Land wür-

---

396 Vgl. Llewellyn Woodward, British Foreign Policy in the Second World War, Bd. 1, London 1970, S.594.
397 Bradley F. Smith, Sharing Secrets with Stalin, How the Allies traded Intelligence, 1941-1945, Kansas 1996, S.13.
398 Churchill, The Grand Alliance, S.372.
399 Ebd., S.373.
400 Vgl. Martin Kitchen, Winston Churchill and the Soviet Union during the World War, in: The Historical Journal 30, 2 (Jun., 1987), S.418.

de vorangehen „like a hot knife through butter".[401] Die sowjetische Armee war vor allem durch die Säuberungen der Roten Armee Ende der Dreißiger Jahre entscheidend geschwächt worden. Da London natürlich auf ein möglichst langes Durchhalten des neuen Verbündeten hoffte, beeilte sich Churchill, bereits in der ersten Stellungnahme vom 22. Juni, der Sowjetunion militärische und wirtschaftliche Unterstützung zu versprechen. Bei dem Versprechen handelte es sich, wie Kettenacker herausstellt, zu diesem Zeitpunkt jedoch lediglich um eine spektakuläre Geste, da Großbritannien weder logistisch noch militärisch in der Lage war, Moskau die erforderliche Hilfe zukommen zu lassen.[402]

Hatte Moskau sich vor dem 22. Juni 1941 zu der Anwesenheit deutscher Staatsbürger in Persien noch kein einziges Mal geäußert, warnte sie nur vier Tage nach dem deutschen Angriff auf die Sowjetunion die iranische Regierung vor einem drohenden deutschen Staatsstreich,[403] und „Diversions-, Spionage- und Wühltätigkeit der deutschen Agenten [...] und forderte von ihr, dieses Agentenunwesen unverzüglich zu unterbinden."[404] Moskau sah in der angeblichen deutschen fünften Kolonne eine große Gefahr für seine kaukasischen Ölfelder und überzeichnete mit dem Ziel, die Deutschen im Iran loszuwerden, deren Einfluss ungemein.[405] Am 8. Juli 1941 brachte Stalin in einem Gespräch mit dem britischen Botschafter in Moskau, Stafford Cripps, das Thema Iran erstmals auf die anglo-sowjetische Agenda und unterstrich die Relevanz dieses Themas für Moskau. Stalin behauptete, es seien 6000 bis 7000 Deutsche im Iran und er denke, die Deutschen und Italiener versuchten einen Staatsstreich gegen Baku und die beiden Großmächte im Iran durchzuführen. Daher müssten Maßnahmen ergriffen werden.[406] Britische Schätzungen über die tatsächliche Zahl der Deutschen wurden mit 2000 bis 3000 einschließlich

---

401 Hastings Lionel Ismay, The Memoirs of General the Lord Ismay, London 1960, S.225. Siehe auch Hugh Dalton, Fateful Years: Memoirs 1931-1945, London 1957, S.365. Dieser berichtet: "Cripps [...] came to see me on June 23rd [...]. He did not think the Russians could hold out, in organised resistance to the Germans, for more than a few weeks. This was, at that time, official British military opinion."

402 Vgl. Lothar Kettenacker, The Anglo-Soviet Alliance and the Problem of Germany, 1941-1945, Journal of Contemporary History 17, 3 (Jul. 1982), S.437.

403 Vgl. Kirk, The Middle East in the War, S.133. Großbritannien nahm diese Gerüchte keineswegs Ernst, das britische Kriegsministerium ließ verlauten:„Halte Berichte über Rebellion oder Staatsstreich in Iran wahrscheinlich für russische Propaganda, um uns zu übereiltem Einmarsch in Südiran zu veranlassen, damit Russen ihr Ziel einer Besetzung Nordirans verwirklichen können." Vgl. Hirschfeld, Deutschland und Iran im Spielfeld der Mächte, S.275.

404 Gossens, Geschichte des Großen Vaterländischen Krieges der Sowjetunion, Bd.2, S.232.

405 Es wurde u.a. behauptet, deutsche Agenten hätten leitende Stellen im Staatsapparat inne und beeinflussten stark die Innen- und Außenpolitik der iranischen Regierung. Zudem versuchten Deutsche angeblich, den Nordiran zu einem Aufmarschgebiet für den Einfall in die Sowjetunion zu machen. Vgl. ebd.

406 Vgl. Woodward, British Foreign Policy in the Second World War, Bd. 2, S.11, S.25.

Frauen und Kindern angegeben.[407] Nach deutschen Angaben hatten bis 1939 lediglich 1050 Deutsche im Iran gearbeitet und ihre Anzahl war nach Kriegsausbruch auf 750 gesunken; 369 Frauen und Kinder mitgerechnet. Diese Zahl wurde von iranischen Behörden weitgehend bestätigt, als sie am 9. Juli 1941 die Zahl der im Land angestellten deutschen Staatsbürger offiziell mit 690 bezifferte.[408] Cripps schlug trotz der offensichtlichen sowjetischen Überzeichnung der deutschen Gefahr eine gemeinsame anglo-sowjetische *Démarche* vor, der Stalin zustimmte.

Schon am 10. Juli teilte Außenminister Eden dem Kabinett in London mit, dass der sowjetische Botschafter Maisky erneut wegen der persischen Frage und der gemeinsamen Note mit der Forderung einer Ausweisung aller Deutschen aus Iran vorstellig geworden war. Eine Zurückweisung dieser Noten könne dann eine militärische Intervention rechtfertigen. Die britische Regierung stimmte dem zu und beauftragte die Stabschefs am 11. Juli, die Möglichkeit einer Intervention britischer und sowjetischer Streitkräfte in Persien zu prüfen.[409]

Die britische Unterstützung der Sowjetunion war eng verknüpft mit der Frage der Transportmöglichkeiten, die den Iran plötzlich in das Zentrum der britisch-sowjetischen Kriegsplanung gerückt hatte. Besonders der schnelle deutsche Vormarsch in der UdSSR während der ersten Kriegswochen erhöhte die politische und militärische Bedeutung Irans. Die transiranische Eisenbahn bot sich, nach der Niederwerfung des Irak-Aufstandes und der Wiederherstellung der britischen Dominanz im Nahen und Mittleren Osten, als Verbindungslinie zur Sowjetunion geradezu an, da sie im Gegensatz zu den beiden anderen Nachschubrouten – über das Nordkap nach Murmansk sowie über den Pazifik nach Wladiwostok – weder durch Nazi-Deutschland noch durch Japan direkt bedroht war.[410] Weitere Relevanz erhielt die Iran-Frage, vor dem Hintergrund der vorrückenden deutschen Armee in der Sowjetunion und angeblicher deutscher Agenten im Iran, durch verschiedene Faktoren: Waren auf der einen Seite die Sowjets besorgt um ihre kaukasischen Ölfelder, stellten sich die britischen Ölfelder im Südiran für die Kriegsführung Winston Churchills als unentbehrlich dar, er bezeichnete sie als einen „prime war factor".[411] Diese würden bei etwaigen deutschen Sabotageakten oder einem deutschen Sieg im Nachbarland UdSSR ebenso in große Gefahr geraten. Nicht zu unterschätzen war zudem Churchills Wunsch, dem neuen Verbündeten, dessen Durchhalten für die

---

407   Vgl. Jaschinsky, Das deutsch-iranische Verhältnis im Lichte der alliierten Invasion in Iran 1941, S.169.

408   Vgl. ebd. und Kirk, The Middle East in the War, S.132.

409   Vgl. Bernd Philipp Schröder, Deutschland und der Mittlere Osten im Zweiten Weltkrieg, Göttingen 1975, S.240-241. Siehe auch Woodward, British Foreign Policy in the Second World War, Bd.2, S.24.

410   Vgl. Schneider, Die britische Iranpolitik im Zweiten Weltkrieg und der Ausbruch des Kalten Krieges, Teil 1, S.142.

411   Vgl. Churchill, The Grand Alliance, S.476. Noch 1938 wurden etwa 20% des britischen Ölverbrauches mit iranischem Erdöl gedeckt. Vgl. Azghandi, Die anglo-sowjetische Okkupation im Iran 25. August 1941, S.128-129.

britische Kriegsführung so wichtig war, gefällig zu werden und ihm die Hand zu reichen.

In seinem ersten an Stalin adressierten Telegramm vom 7. Juli 1941 bekräftigte Churchill die am 22. Juni versprochene Unterstützung, bat Stalin jedoch vorerst um Geduld: „We shall do everything to help you that time, geography, and our growing resources allow. The longer the war lasts, the more help we can give."[412] Die große Bedeutung, die er einem Schulterschluss mit Moskau sowie der Aufrechterhaltung der sowjetischen Moral für die alliierte Kriegsführung zumaß, wird auch in einem Brief an das Marineministerium vom 10. Juli 1941 offenkundig:

> "The advantage we should reap if the Russians could keep the field and go on with the war, at any rate until the winter closes in, is measureless. A premature peace by Russia would be a terrible disappointment to great masses of people in our country. As long as they go on it does not matter so much where the front lies. These people have shown themselves worth backing, and we must make sacrifices and take risks, even at inconvenience, which I realise, to maintain their morale"[413]

Stalin begann seine Korrespondenz mit Churchill bereits am 18. Juli 1941 mit Forderungen nach der Errichtung einer zweiten Westfront in Nordfrankreich sowie britischen Militäraktionen in der Arktis, um die Ostfront zu entlasten.[414] Auch Molotow wiederholte diese Forderungen mehrfach[415] und setzte damit Cripps unter Druck, welcher London meldete "what is required now above all things is some action by us to demonstrate that our desire to help even at some risk to ourselves if necessary."[416] Diese Einschätzung war vor allem auf die Stimmung in der Sowjetunion zurückzuführen, welche britische „Inaktivität" nicht etwa den beschränkten Handlungsspielraum, sondern britischem „burgeoisen Klassenhass" auf den sozialistischen Staat zuschrieb.[417] Zwar lehnte Churchill die Bildung einer zweiten Front in Frankreich rigoros ab, er suchte jedoch Stalin dennoch seine Gefälligkeit zu beweisen und auch der Iran würde seinen Teil zum britischen Entgegenkommen beitragen müssen.

Das War Office präsentierte ebenfalls am 18. Juli die Ergebnisse zu möglichen Maßnahmen im Iran, falls die iranische Regierung sich weigerte, die große Anzahl deutscher Staatsbürger auszuweisen. Die Untersuchung stellte fest, dass die iranische Armee aus neun Divisionen bestand, von denen nur zwei „bis zu einem gewissen Grad kampffähig" genannt werden konnten. Zudem hatten sie eine Luftflotte und eine Marine die „unbedeutend" waren. Der Bericht erklärte daher, die

---

412   Churchill, The Grand Alliance, S.381.
413   Vgl. ebd., S.381-382.
414   Vgl. ebd., S.383.
415   Vgl. Llewellyn Woodward, British Foreign Policy in the Second World War, Bd. 2, London 1972, S.6-9.
416   Kitchen, Winston Churchill and the Soviet Union during the World War, S.420.
417   Vgl. Vladimir Trukhanovsky, British Foreign Policy during World War II, 1939-1945, Moskau 1970, S.174-175.

militärische Besetzung Irans sei mit geringem Risiko verbunden, während vorherige Untersuchungen des Foreign Office, der britischen Gesandtschaft in Teheran und des Ministry of Economic Warfare erwiesen hatten, dass Großbritannien über keine ausreichenden Mittel verfügte, um Iran wirtschaftlich unter Druck zu setzen.[418] Dies war vor allem auf die britische Abhängigkeit vom iranischen Öl zurückzuführen, welche Großbritannien während der Krise zwischen der AIOC und der iranischen Regierung im Sommer 1940 erneut demonstriert worden war. In diesem Zusammenhang warnte Außenminister Eden Churchill am 22. Juli 1941 vor voreiligem wirtschaftlichem Druck auf den Schah, bevor Großbritannien dazu in der Lage war, seine Drohungen militärisch zu untermauern.[419]

Militärische Maßnahmen als Druckmittel auf den Iran rückten demnach in den Fokus anglo-sowjetischer Strategie; die britischen Truppen im Irak an der Grenze zum Iran sollten verstärkt werden, vor allem durfte jedoch der Faktor Zeit nicht außer Acht gelassen werden. Die britische Korrespondenz des War Office sowie des Foreign Office belegen, dass besonders die Furcht vor einer baldigen sowjetischen Niederlage Whitehall zu großer Eile und somit einer Zusammenarbeit mit Moskau im Hinblick auf den Iran trieb. Eden ließ auch hierzu den Premier wissen:

> „The more I examine the possibilities of doing this, the clearer it becomes that all depends upon our ability to concentrate a sufficient force in Iraq to protect the Iranian oilfields. […] If we can do this before the Russians suffer a severe reverse in the south there is a reasonable chance of imposing our will on the Iranians without resort to force […] Should Russia be defeated we shall have to be ready to occupy the Iranian oilfields ourselves […]."[420]

Am 19. Juli 1941 überreichten sowohl der britische als auch der sowjetische Botschafter dem iranischen Außenministerium eine *Démarche*, die auf die angebliche Gefahr für die iranische Neutralität hinwies. Diese ginge von der großen Anzahl im Iran lebender Deutscher aus,[421] daher sei dringend empfohlen, diese „Elemente" baldmöglichst zu entfernen.[422] Gleichzeitig wurde sowohl von sowjetischer als auch britischer Seite eine umfassende Propagandakampagne begonnen. Radio London, Delhi und Baku beschuldigten in persischsprachigen Sendungen die politische Führung des Iran der Kollaboration mit den Nationalsozialisten und warfen ihr vor, die deutsche fünfte Kolonne zu unterstützen. Zudem wurden falsche Nachrichten über

---

418   Vgl. Hirschfeld, Deutschland und Iran im Spielfeld der Mächte, S.280-281.

419   Vgl. Churchill, The Grand Alliance, S.478.

420   Ebd. Ferner schrieb General Wavell dem War Office am 10. July 1941:"It is essential we should join hands with Russia through Iran […]. To this end the strongest possible pressure should be applied forthwith while issue of German-Russian struggle is in doubt." Ebd, S.477.

421   Vgl. Schröder, Deutschland und der Mittlere Osten im Zweiten Weltkrieg, S.241.

422   Vgl. ADAP, D XIII.1, Nr. 171, S.225.

Unruhen unter den Stämmen und die angebliche Unzufriedenheit der iranischen Armee verbreitet, um die iranische Führung gefügig zu machen.[423]

Die iranische Regierung wies dennoch auf den selbständigen, unabhängigen und neutralen Status Irans hin, der es ihr nicht ermöglichte, die Deutschen auszuweisen. Außerdem fürchtete Teheran, zu Recht, wie sich später herausstellte,[424] deutsche Vergeltungsmaßnahmen. Die Deutschen seien, wie alle Ausländer, den iranischen Behörden bekannt und von der Polizei überwacht, würden jedoch vom Iran benötigt. Der Iran sagte zwar zu, die Deutschen deren Aufenthaltsbewilligung abgelaufen oder deren Verhalten auffällig war und diejenigen, die durch Iraner ersetzt werden konnten, so bald wie möglich des Landes zu verweisen. Bis Mitte August hatten jedoch kaum Deutsche das Land verlassen.[425]

Die britische und die sowjetische Regierung beschlossen am 28. Juli, ihr Vorgehen im Iran miteinander abzustimmen, um militärischen Druck auf Iran auszuüben.[426] Ferner erklärte Eden, eine neue britisch-sowjetische Note solle etwa am 12. August 1941 überreicht werden, da zu diesem Zeitpunkt genug britische Soldaten samt Ausrüstung im Irak zur Intervention bereit stehen würden für den Fall, dass Teheran die alliierten Forderungen zurückwiese.[427] Auf der einen Seite bereitete das Militär nun die Invasion vor, während gleichzeitig in Presse und Öffentlichkeit auf die „deutsche Gefahr" im Iran aufmerksam gemacht wurde. So erklärte Eden am 6. August 1941 im Unterhaus:

> „There is in Iran today a large number of Germans. Past experience in many lands has shown that these German colonists [...] are extremely dangerous to the country in which they are found at a critical hour. So it is that we have drawn the attention of the Iranian Government – their serious attention – to the danger [...]. I trust the Iranian Government will not fail to heed this warning."[428]

Noch am gleichen Tag nahm die iranische Regierung in der Zeitung „Ettela'at" zu dieser Rede Stellung. Sie wies die britischen Beschuldigungen in scharfer Form zurück und bezeichnete sie als „Lügen" über „angebliche Machenschaften von Ausländern". Sie unterstrich die Tatsache, dass der Iran bisher „völlige Neutralität bewahrt" habe und von dieser Politik nicht abweichen werden, was auch die „Erhal-

---

423   Vgl. Azghandi, Die anglo-sowjetische Okkupation im Iran 25. August 1941, S.216.

424   Deutschland drohte Iran mit dem Abbruch der diplomatischen Beziehungen, sollte Iran sich dem alliierten Willen beugen. Vgl. Eshraghi, Anglo-Soviet Occupation of Iran in August 1941, S.44.

425   Vgl. Joan Beaumont, Great Britain and the Rights of Neutral Countries: The Case of Iran, 1941, Journal of Contemporary History 16, 1, The Second World War: Part 1. (Jan., 1981), S.216-217. Oder auch ADAP, D XIII.1, Nr. 171, S.225.

426   Vgl. Woodward, British Foreign Policy in the Second World War, Bd. 2, S.25.

427   Eden sprach von einem Verband von anderthalb Divisionen mit Panzerunterstützung und sechs bis sieben Staffeln von Kampfflugzeugen (80 bis 130 Maschinen). Vgl. Schröder, Deutschland und der Mittlere Osten im Zweiten Weltkrieg, S.241.

428   ADAP, D XIII.1, S.278.

tung aller gesetzlichen Rechte der Staaten, die mit uns in Beziehung stehen" ein-schließe.[429] Mit dieser empörten Reaktion war die Entscheidung über eine anglo-sowjetische Invasion des Iran, wie auch Churchill in seinen Memoiren schreibt,[430] faktisch gefallen. Die Alliierten wussten nun, dass Reza Schah, der die Rechte sei-nes Landes so argwöhnisch bewachte, eine Beschneidung ebendieser kaum wehrlos akzeptieren würde.

Am 16. August wurde der iranischen Regierung das von langer Hand geplante britisch-sowjetische Memorandum überreicht, welches zwar in mildem Ton ver-fasst worden war, jedoch *de facto* ein Ultimatum darstellte und binnen drei Tagen beantwortet werden sollte.[431] Die Iraner wurden aufgefordert, eine genaue Liste der Namen, Berufe und Arbeitsplätze aller Deutschen vorzulegen, welche für die Iraner unabkömmlich waren. Diese Liste sollte so kurz wie möglich gehalten und keiner der verbliebenen Deutschen in einer Position im Zusammenhang mit den irani-schen Eisenbahnen, Straßen, dem Telefon-, Telegrafen- oder Radiodienste einge-setzt werden. Die übrige deutsche Gemeinde sollte ausgewiesen, die britische Re-gierung über das Datum der Abreise genau in Kenntnis gesetzt werden und eben diese Ausweisungen zwischen dem 31. August und 15. September 1941 beendet zu sein. Diese Forderungen waren natürlich nicht nur mit der iranischen Politik der Neutralität, sondern auch mit der Erhaltung der Souveränität Irans unvereinbar. In den alliierten Noten wurde nicht mit militärischen Maßnahmen gedroht und sogar die Unantastbarkeit der iranischen Unabhängigkeit und Souveränität explizit her-vorgehoben,[432] wenngleich zu diesem Zeitpunkt die militärischen Vorbereitungen im Irak für eine Invasion bereits abgeschlossen waren. Es spricht zudem vieles da-für, dass auch die Entscheidung über den tatsächlichen Einmarsch unabhängig von der Reaktion Irans bereits gefallen war. In einer Depesche an Hugh Knatchbull-Hugessens ließ Eden nur einen Tag nach der Übergabe des Memorandums, das heißt ohne Antwort auf ebendiese, verlauten, der nächste Schritt solle der Ein-marsch in Persien sein, spätestens bis zum 21. August, da alles andere "gefährlich" sei. Churchill verkündete noch deutlicher am 19. August vor dem War Cabinet sei-ne Beunruhigung darüber, die Forderungen auf die Ausweisung der deutschen Gemeinde im Iran beschränkt zu haben: „Wären wir nicht in einer falschen Lage, wenn diese Forderungen erfüllt würden und wir später weitere Forderungen für Transportmöglichkeiten durch Persien stellen müssten?"[433] Dem amerikanischen

---

429 Vgl. Schröder, Deutschland und der Mittlere Osten im Zweiten Weltkrieg, S.242-243.

430 Vgl. Churchill, The Grand Alliance, S.480.

431 Für den vollständigen Text des Memorandums siehe Hirschfeld, Deutschland und Iran im Spielfeld der Mächte, S.325-328.

432 „In erster Linie wünscht die Regierung Seiner Majestät die Tatsache zu betonen, dass sie selbst mit der iranischen Politik der Neutralität vollkommen übereinstimmt und sie unter-stützt. Sie will nichts gegen die politische Unabhängigkeit Irans unternehmen." Ebd., S.325.

433 Ebd., S.285.

Gesandten in Teheran, Dreyfus, blieben diese Vorgänge nicht verborgen und in seinem Bericht nach Washington schrieb er:

> „I do not minimize the fifth column danger. I am convinced, however, that the British are using it as a pretext for the eventual occupation of Iran and are deliberately exaggerating its potency as an isolated arm. I have come to the conclusion that the British and Russians will occupy Iran because of overwhelmingly military necessity no matter what reply the Iranians make to their demands."[434]

Nachdem die Sowjetunion durch den Angriff Hitlers der Freund Großbritanniens geworden war, setzte Churchill viel daran, dem neuen Verbündeten Unterstützung sowohl demonstrativ zu versprechen als auch tatsächlich zukommen zu lassen. Da der Premier im Sommer 1941 jedoch weder militärisch noch finanziell einen großen Spielraum hatte, brachten die anspruchsvollen Forderungen Stalins London in eine peinliche Lage. Eine Westfront zur Entlastung der sowjetischen Truppen konnte und wollte Churchill nicht eröffnen, dafür wurde das Problem der angeblichen deutschen fünften Kolonne in Iran umso eifriger angegangen. Moskau und London fürchteten um ihre Ölfelder in und um Iran, welche sie durch den erwarteten deutschen Sieg in der UdSSR und Sabotageakte deutscher „Agenten" im Iran gefährdet sahen. Dazu kam das Problem einer sicheren Nachschubroute für die Sowjetunion, das sich durch die transiranische Eisenbahn denkbar einfach lösen ließ. Der erwartete deutsche Durchmarsch im Krieg gegen die Sowjetunion erzwang ein schnelles Handeln im Hinblick auf die deutschen Staatsbürger im Iran. Weder London noch Moskau erwarteten, dass Reza Schah der alliierten Forderung nach der Ausweisung der deutschen „Elemente" aus dem Iran, einer klaren Verletzung des iranischen Neutralitätsrechts, Folge leisten würde. Da die britische Abhängigkeit vom iranischen Öl wirtschaftliche Sanktionen undurchführbar machte, wurden Untersuchungen zu einem militärische Vorgehen im Iran begonnen, noch bevor die iranische Regierung über das „Problem" der deutschen Kolonie unterrichtet und zu dessen Ausweisung aufgefordert worden war. Iran insistierte erwartungsgemäß auf seine Rechten als souveräner und neutraler Staat. Bei der Übergabe des zweideutigen britisch-sowjetischen Memorandums vom 16. August 1941 war die Entscheidung über eine Invasion des Iran jedoch bereits gefallen, unabhängig von der Reaktion Reza Schahs, tatsächlich sogar bevor dieser den Ernst der Situation realisierte.

---

434 Stewart, Sunrise at Abadan, S.92.

97

4.4 Die anglo-sowjetische Invasion im Iran am 25. August 1941 und ihre Folgen

Die gemeinsame Note der Alliierten führte die iranische und die deutsche Regierung zunächst näher zusammen,[435] zumal beide Regierungen die alliierte Gefahr ähnlich einschätzten. Nachdem es in der britischen Note hieß, die endgültige Ausweisung der Deutschen müsse spätestens am 15. September abgeschlossen sein, bewerteten beide Regierungen die Angelegenheit als nicht allzu dringend; im Gegenteil suchten sie vor allem Zeit zu gewinnen. Ettels Telegramm an das Auswärtige Amt vom 19. August über eine Besprechung mit Ministerpräsident Mansur vom selben Tag unterstreicht dies. Danach war die persische Regierung zur Verteidigung ihrer Neutralität entschlossen, allerdings zunächst bestrebt, Zeit zu gewinnen. Die verbündete Türkei habe eine Stellungnahme abgelehnt und die deutschen Streitkräfte seien noch zu weit entfernt, um einzugreifen, „leider lebt aber Sowjetunion noch". Ettel entgegnete der „Endsieg über [die] Sowjets stehe ohne Zweifel bevor", „der Faktor Zeit spiele eine große Rolle" und „die Standhaftigkeit [der] iranische[n] Regierung sei von entscheidender Bedeutung." Nach Mansur bessere jede gewonnene Woche, in welcher deutsche Truppen siegreich vorrückten, die schwierige Lage Irans. Zudem hob er hervor, im Falle eines sowjetischen oder britischen Vorstoßes in iranisches Territorium werde sich Iran getreu seiner Neutralitätspolitik verteidigen.[436] Vor diesem Hintergrund meldeten britische Konsulate in Shiraz und Isfahan Truppenbewegungen im Süden Irans, so bei den Ölfeldern von Khuzistan; Truppenzusammenziehungen gab es zudem im Nordwesten in Azerbaijan und Kermanschah. Ferner berief Reza Schah sieben Reservistenjahrgänge ein, und hielt am 19. August seine viel zitierte Rede vor Absolventen der Militärakademie,[437] in der er sie über die Streichung des üblichen Vierwochenurlaubs sowie den sofortigen Dienstantritt bei den Grenztruppen informierte und sie aufforderte, für die Verteidigung Irans ihr Leben einzusetzen[438]: „Wir werden dem Schwert mit dem Schwert antworten und der Kanone mit der Kanone".[439] Auch der iranische Gesandte in Washington, Schayesteh, unterstrich am 22. August in einer Unterredung mit Außenminister Cordell Hull die Entschlossenheit seiner Regierung zur Verteidigung ihrer Neutralität: Gegen jeden militärischen Druck und gleichgültig, welche Chancen auf Erfolg bestünden.[440] Ob Großbritannien diese Maßnahmen nur als Bluff ansah, wie ein Militärattaché in Teheran berichtete,[441] ist nicht gewiss. Die

---

435 Vgl. Schröder, Deutschland und der Mittlere Osten im Zweiten Weltkrieg, S. 243.
436 Vgl. ADAP, D XIII.1, Nr. 215, S.277-279.
437 Vgl. Eshraghi, Anglo-Soviet Occupation of Iran in August 1941, S.45.
438 Vgl. Schneider, Die britische Iranpolitik im Zweiten Weltkrieg und der Ausbruch des Kalten Krieges, Teil 1, S.173. Siehe auch Arfa, Under Five Shahs, S.297.
439 Farokh, Khaterate Siyasi-ye Farokh, S.456.
440 Vgl. Azghandi, Die anglo-sowjetische Okkupation im Iran 25. August 1941, S.222.
441 Vgl. Arfa, Under Five Shahs, S.298.

Drohungen von Seiten iranischer Staatsmänner und Diplomaten[442] schienen London jedoch keine Sorgen zu bereiten.

Irans Antwort auf das alliierte Memorandum am 21. August, das zwar entgegenkommend formuliert war, enthielt in den entscheidenden Fragen keine Zugeständnisse. Erwartungsgemäß lehnte die iranische Regierung es unter Berufung auf ihre Neutralität ab, alle Deutschen zu entfernen, sie habe jedoch Maßnahmen getroffen, einige Deutsche, die nicht mehr benötigt wurden,[443] auszuweisen. Zu diesem Zeitpunkt hatten deutsche Truppen im Süden Russlands beachtliche Gewinne gemacht und bedrohten zudem ernsthaft Odessa und Kiew. Deutsche in Teheran und auch in Berlin beschworen die Iraner, nur noch ein paar Wochen auszuharren bis deutsche Truppen im Iran seien.[444] Bezeichnenderweise nannte Pink aus dem Eastern Department die iranische Antwort-Note „satisfactorily unsatisfactory".[445] Einen Tag nach ihrer Übergabe beauftragte das War Cabinet die militärische Führung Großbritanniens mit der Durchführung des Unternehmens „Countenance", als Invasionsdatum - das noch mit Moskau abgesprochen werden musste - wurde der 22. August gewählt.[446]

Die deutsche Regierung, die wie Teheran nicht von dem akuten Ernst der Lage überzeugt zu sein schien,[447] suchte den Iran demnach zu einer Fortsetzung seiner Neutralitätspolitik zu ermutigen. Dieser wusste, dass er vom Deutschen Reich zu diesem Zeitpunkt keine militärische Hilfe zu erwarten hatte, hoffte jedoch auf Unterstützung, sobald deutsche Truppen den Kaukasus erreicht hätten. Berlin unterschätzte, wie weithin bekannt, die sowjetische Armee und blickte wiederum mit allzu großer Zuversicht auf die iranische. Dies zeigte sich besonders in einer „persönlichen" Botschaft Hitlers an Reza Schah, welche vor allem mit Durchhalteparolen bestückt war, und auf der Hoffnung basierte, dass Teheran bis zum deutsche Sieg über die Sowjetunion das Land gegen jeden Eingriff von außen verteidigen könne. Die Botschaft wurde von Ribbentrop am 18. August verfasst, von Hitler am

---

442 Vgl. Eshraghi, Anglo-Soviet Occupation of Iran in August 1941, S.45-46.

443 Dies war in Absprache mit Berlin geschehen, das weitere Spannungen zu verhindern suchte und am 20. August einwilligte, 300 Deutsche, also mehr als ein Viertel der deutschen Kolonie in Iran, innerhalb von zwei Wochen aus dem Land abzuziehen. Vgl. Hirschfeld, Deutschland und Iran im Spielfeld der Mächte, S.289

444 Vgl. Kirk, The Middle East in the War, S.132.

445 Vgl. Eshraghi, The Anglo-Soviet Occupation of Iran in August 1941, S.46.

446 Vgl. Schneider, Die britische Iranpolitik im Zweiten Weltkrieg und der Ausbruch des Kalten Krieges, Teil 1, S.173.

447 Diese Tatsache kann unter anderem an einer Zusammenkunft von Mitgliedern des Auswärtigen Amtes, des Reichswirtschaftsministeriums, des Reichsernährungsministeriums, der Reichsbank sowie des Wirtschaftsrüstungsamtes abgelesen werden, welche am 19. August 1941, neben anderen Beschlüssen, die Quoten für deutsche Einkäufe in Iran für das folgende Jahr erneuerten, eine größere Zahl von Lastwagen für den deutsch-iranischen Handel sowie die Eröffnung einer Zweigstelle einer deutschen Bank in Iran beschlossen. Vgl. Hirschfeld, Deutschland und Iran im Spielfeld der Mächte, S.289-290.

22. August leicht abgeändert und Reza Schah am 25. August vom Gesandten Ettel übergeben:

> „Die Reichsregierung habe mit Genugtuung beobachtet, daß die iranische Regierung gemäß den Weisungen des Schah entschlossen sei, ihre bisherige Politik der Neutralität fortzusetzen und die Souveränität des Iran gegen alle Versuche, sie anzutasten, zu verteidigen. Sie vertraue auch darauf, dass es der Weisheit des Schah gelingen werde, Mittel und Wege zu finden, seine Souveränität über das ganze iranische Staatsgebiet auch weiterhin gegen jeden Eingriff von außen zu sichern, bis die gegenwärtige Zeitspanne, in der sich ein Druck der mit Deutschland im Kriege befindlichen Mächte auf die Entschlüsse der iranischen Regierung Geltung zu verschaffen suche, vorüber sei. Die Reichsregierung glaube, daß diese Zeitspanne nur von kurzer Dauer sein könne. Die deutschen Truppen seien in ihrem Kampf gegen die sowjetrussische Wehrmacht bereits, wie dem Schah bekannt sei, tief in die Ukraine eingedrungen und befänden sich im siegreichen Vordringen heute bereits in dem Raume nördlich der Halbinsel Krim. Die Reichsregierung sei fest entschlossen, noch in diesem Herbst weitere Gebiete[448] der Sowjetunion zu besetzen. […] Die Reichsregierung vertraue darauf, daß der Schah jedem derartigen Versuche von englischer Seite, der die Verheerungen des Krieges auch in iranisches Gebiet bringen wird, mit allen Mitteln entgegen treten werde, bis diese kurze Gefahrenperiode vorübergegangen sein werde."[449]

Bevor die Umstände der Invasion untersucht werden, sollte darauf eingegangen werden, wieso die iranische Führung sich mit der tatsächlichen Gefahr eines alliierten Einmarsches in einer eklatanten Fehleinschätzung nicht vorher ernsthaft auseinandersetzte. Die vorhandenen Dokumente sprechen dafür, dass die iranische Regierung auch in dieser Situation ihre bekannte Pendelpolitik betrieb. Auf der einen Seite machte sie einzelne Konzession an die Alliierten, in dem sie einige wenige Deutsche des Landes verwies und keine weitere Visa für deutsche Staatsbürger ausstellte. Auf der anderen Seite war sie äußerst bemüht, Berlin, das mit Abbruch der diplomatischen Beziehungen drohte, nicht zu verärgern. Sie verwies daher den Alliierten gegenüber auf ihren Status als neutraler Staat. Mit dieser Taktik spielte der Iran auf Zeit, um den Ausgang des deutsch-sowjetischen Krieges abzuwarten und sich dann auf die Seite des Siegers zu stellen. Vor dem Hintergrund der vom Deutschen Reich betriebenen Politik gegenüber dem Iran, sowohl Durchhaltevermögen zu beschwören als auch mit Abbruch der Beziehungen zu drohen, blieb Teheran erneut ein sehr begrenzter Handlungsspielraum. Interessanterweise wurde in diesem Zusammenhang im britischen Eastern Department die Theorie entwickelt, dass der Iran niemals vorhatte, tatsächlichen Widerstand gegen etwaige militärische Aktionen der Alliierten zu leisten, sondern diesen nur zu simulieren um die deutschen Machthaber nach ihrem Sieg am Kaukasus von der Notwendigkeit ihrer Un-

---

448   Dieser Satzteil ist in Hitlers Handschrift aus „noch in diesem Sommer die gesamten südlichen Gebiete" geändert worden.

449   ADAP, D XIII.1, Nr. 230, S.295-296.

terwerfung zu überzeugen.[450] Wahrscheinlicher ist, dass Reza Schah, als alleiniger Entscheidungsträger, die Situation anders beziehungsweise falsch einschätzte. Er betrachtete das deutsche Militär als überlegen und erwartete einen raschen deutschen Sieg über die Sowjetunion. Den alliierten Forderungen sollte daher so lange wie möglich widerstanden werden, bis die deutschen Truppen zu Hilfe kämen.[451]

Daher wurden nach den ersten alliierten Forderungen wie erwähnt Truppenverstärkungen in den Nord- und Südprovinzen vorgenommen. Berichte von Rezas Sohn, Mohammad Reza Pahlavi, sowie deutscher Agenten aus dieser Zeit geben jedoch an, dass der Schah und seine Regierung eine tatsächliche Invasion nicht fürchteten und Drohungen nur als Druckmittel oder auch Schreckschuss ansahen.[452] Ettel schrieb schon am 9. Juli 1941: „Beurteile Gefahr eines britischen Angriffs infolge der von der iranischen Regierung ergriffenen militärischen und diplomatischen Schritte als wenig akut."[453] Am 5. August schrieb derselbe sogar, die Iraner hätten die Einschüchterungstaktik und den Bluff der britischen Regierung „durchschaut", welche nun einen Weg suche, sich ohne Gesichtsverlust zurückzuziehen.[454] Dieser Blickwinkel auf die Machtverhältnisse ist offensichtlich unrealistisch, er erlaubt jedoch Einsichten in die deutschen und iranischen Deutungsmuster. In diesen Zusammenhang lässt sich auch ein Bericht des britischen Gesandten Bullard vom 9. August einreihen. Nach einem Zusammentreffen mit Ministerpräsident Mansur, kurz nach den britischen Truppenzusammenziehungen im Irak, schrieb er, Mansur habe zwar unterstrichen, dass der Iran jedem Angriff der britischen Truppen widerstehen und sich verteidigen werde, er habe jedoch kaum besorgt geschienen und gar keine feindliche Einstellung gezeigt.[455] Eine weitere Fehleinschätzung bestand darin, dass die Möglichkeit einer sowjetischen Beteiligung an einer Militäraktion von der iranischen (und deutschen) Regierung gar nicht in Betracht gezogen wurde: Berichte über sowjetische Truppenzusammenziehungen entlang der iranischen Grenze erreichten die iranische Führung nicht; erst am 25. August, dem Tag der Invasion, berichteten Major von Geldern und Ettel über Truppenzusammenziehungen in Sowjet-Azerbaijan.[456] Ferner bemerkte der amerikanische Gesandte Dreyfus nach einem Gespräch mit dem iranischen Außenminister Ameri am 18. August, die Iraner suchten Zeit zu gewinnen und taktierten ausweichend „without realizing the seriousness of their situation".[457] Ferner behauptete Mansur am 19. August, sechs Tage vor der Invasion, gegenüber Ettel, er und der

450   Vgl. Arfa, Under Five Shahs, S.298.
451   Vgl. Eshraghi, Anglo-Soviet Occupation of Iran in August 1941, S.42.
452   Vgl. Hirschfeld, Deutschland und Iran im Spielfeld der Mächte, S.285.
453   ADAP, D XIII.1, Nr. 84, S.89.
454   Vgl. Hirschfeld, Deutschland und Iran im Spielfeld der Mächte, S.285.
455   Vgl. Schneider, Die britische Iranpolitik im Zweiten Weltkrieg und der Ausbruch des Kalten Krieges, Teil 1, S.159.
456   Vgl. Hirschfeld, Deutschland und Iran im Spielfeld der Mächte, S.286.
457   Schneider, Die britische Iranpolitik im Zweiten Weltkrieg und der Ausbruch des Kalten Krieges, Teil 1, S.172.

Schah wüssten, wie man mit den Engländern sprechen müsse und „Iran werde niemals auf Seite der Gegner Deutschlands treten".[458]

Diese Geschehnisse belegen, dass die iranische Führung die Gefahr eines britischen, geschweige denn eines alliierten Angriffs als nicht real wertete und die Forderungen, Drohungen und Berichte über Truppenbewegungen lediglich als Bluff betrachtete, der mit einer Verstärkung der eigenen militärischen Position aufgedeckt werden konnte. Die iranische Regierung suchte London bis zur Note vom 16. August davon zu überzeugen, dass sie tatsächlich alles daransetzte, nicht nur die iranische Neutralität zu wahren, sondern auch die anglo-sowjetischen Befürchtungen über eine deutsche fünfte Kolonne zu zerstreuen. Teheran bemühte sich, ihnen mit einzelnen Ausweisungen deutscher Staatsbürger sowie verstärkter Polizeiüberwachung der im Lande verbliebenen entgegenzukommen[459] und Reza Schah glaubte, einen Mittelweg gefunden zu haben, mit dem er beide Parteien zufrieden stellte: einige wenige Deutsche auszuweisen, um die britische Regierung zu beruhigen, jedoch nicht so viele, als dass Berlin protestieren würde. Bullard berichtete, dass um den 12. August Ameri und Mansur von den militärischen Absichten der Großmächte erfahren haben mussten, es jedoch nicht wagten, dies dem starrsinnigen und grimmigen Monarchen mitzuteilen.[460] Einige Tage später teilte Ali Mansur dem amerikanischen Gesandten Dreyfus seine Überzeugung mit, dass er den wahren Grund für den alliierten Druck auf den Iran in der Sicherung einer Nachschubroute sah, er jedoch nicht wage, dies dem herrischen Reza Schah mitzuteilen.[461]

Erst am 23. August vollführte die iranische Regierung eine Kehrtwendung. Ob dies als Folge eines heftigen Angriffes der sowjetischen Radiosendung am 22. August geschah, die einen deutschen Staatsstreich gegen den Schah und seine Regierung ankündigte, aufgrund neuer Erkenntnisse des iranischen Nachrichtendienstes oder der Absage, die der amerikanische Außenminister Hull dem iranischen Gesandten in Bezug auf eine Intervention in London zugunsten Irans erteilte,[462] ist nicht eindeutig. Selbst in den USA hatte sich jedoch am 22. August die Gefahr einer Invasion herumgesprochen und die *New York Times* titelte: „British and Russians poised to move into Iran."[463] In jedem Fall erhielt eine große Anzahl von Deutschen am 23. August von der iranischen Polizei den Befehl, augenblicklich das Land zu verlassen. Noch in der Nacht musste Außenminister Ameri auf Geheiß Reza Schahs Botschafter Bullard in der britischen Gesandtschaft versichern, dass

---

458 ADAP, D XIII.1, Nr. 215, S.279.

459 Vgl. Hirschfeld, Deutschland und Iran im Spielfeld der Mächte, S.287-288.

460 Vgl. Eshraghi, Anglo-Soviet Occupation of Iran in August 1941, S.43-45.

461 Vgl. Stewart, Sunrise at Abadan, S.96.

462 Vgl. Schneider, Die britische Iranpolitik im Zweiten Weltkrieg und der Ausbruch des Kalten Krieges, Teil 1, S.173.

463 Stewart, Sunrise at Abadan, S.94.Weiter hieß es: „Should Iran refuse, as is expected, Great Britain and Russia have already warned that they will take steps to protect themselves [...] It is clear that Iran is not something about which the British and Russians are bluffing." Ebd.

die Ausweisung deutscher Staatsbürger beschleunigt werden solle. Ministerpräsident Mansur sollte indes (erst jetzt) den britischen Gesandten nach den wahren Gründen für den alliierten Druck befragen. Zudem suchte Mansur am folgenden Tag verzweifelt, Ettel zu überzeugen, der Rückführung aller Deutschen vor Ort zuzustimmen, um eine britische Invasion zu verhindern.[464] Dieser machte jedoch seine Zustimmung von einer Audienz beim Schah am nächsten Tag, dem 25. August, abhängig. Da war es bereits zu spät.

Am 25. August 1941 vollzog sich schließlich die anglo-sowjetische Invasion des Iran. Morgens um vier stießen sowjetische Truppen mit einer Gesamtstärke von rund 40 000 Mann über Azerbaijan und östlich des Kaspischen Meeres über Tadschikistan auf iranisches Gebiet vor. Gleichzeitig überschritten britische Truppen in einer Stärke von ungefähr 19 000 Mann von Irak aus die Grenze zum Iran. Vornehmlich in Nord-, aber auch in Südiran, begannen zudem Luftbombardements auf offene Städte,[465] die zahlreiche Opfer unter der Zivilbevölkerung forderten. Die Botschafter der beiden Großmächte übergaben der iranischen Regierung abermals gleich lautende Noten,[466] in denen sie im Namen ihrer Regierungen die Gründe für das militärische Vorgehen darlegten, die Unabhängigkeit und territoriale Integrität Irans zu respektieren versprachen und die Absicht betonten, durch iranisches Territorium eine Versorgungsroute errichten zu wollen.[467] Während Großbritannien sein militärisches Vorgehen weder vertraglich noch völkerrechtlich rechtfertigen konnte, berief sich die sowjetische Regierung in ihrer Note offiziell auf den Artikel 6 des sowjetisch-iranischen Freundschaftsvertrages von 1921, der ihr das Recht einräumte, in iranisches Territorium einzumarschieren, sollte es als Operationsbasis einer bewaffneten Interventionen einer dritten Macht gegen die UdSSR dienen.[468] Wie aus einem Bericht Ettels hervorgeht, bemühte sich der Schah noch am 25. August, die Invasion aufzuhalten. In einer Zusammenkunft mit dem britischen Gesandten und dem sowjetischen Botschafter verlangte er den Rückzug der britischen und sowjetischen Truppen und erklärte sich schließlich bereit, alle Deutschen aus dem Iran zu entfernen. Zudem bot er den Alliierten an, die freie Durchfuhr von Kriegsmaterial für die Sowjetunion zu gestatten.[469] Doch wie Eshraghi in diesem Zusammenhang treffend anmerkt, „performance must follow promises"[470] und der

---

464 Vgl. Schneider, Die britische Iranpolitik im Zweiten Weltkrieg und der Ausbruch des Kalten Krieges, Teil 1, S.174-175. Siehe auch Hirschfeld, Deutschland und Iran im Spielfeld der Mächte, S.290-291.

465 Unter anderem auf Tabriz, Rezaiya, Ardebil, Khoi, Rasht, Bandar Pahlavi und Ahwaz. Vgl. Schröder, Deutschland und der Mittlere Osten im Zweiten Weltkrieg, S.245.

466 Zur deutschen Übersetzung der britischen und sowjetischen Note (Auszüge) siehe Archiv der Gegenwart m.b.H. (Hg.), Archiv der Gegenwart, 1941, Wien 1955, S.5175-5176.

467 Vgl. Jaschinsky, Das deutsch-iranische Verhältnis im Lichte der alliierten Invasion in Iran 1941, S.169-170.

468 Vgl. Archiv der Gegenwart, 1941, S.5175-5176.

469 Vgl. Hirschfeld, Deutschland und Iran im Spielfeld der Mächte, S.293.

470 Eshraghi, Anglo-Soviet Occupation of Iran in August 1941, S.46.

alliierte Durchmarsch im Iran wurde fortgesetzt. Reza Schah wandte sich in seiner Verzweiflung an die USA und die Türkei. Er bat Roosevelt um Vermittlung und forderte ihn auf, Schritte zu unternehmen, die zu einer Einstellung der Feindseligkeiten der Okkupationsmächte führen würden,[471] die gleiche Bitte richtete er an die türkische Regierung. Die Türkei vermied eine öffentliche Missbilligung der Invasion und beschränkte sich darauf, sie in Presse und Rundfunk kritisieren zu lassen. Ebenso mied es Roosevelt, sich auf die iranische Seite zu stellen und äußerte in einem Brief an Reza Schah lediglich sein Bedauern für den anglo-sowjetischen Einmarsch.[472]

Abgesehen von sporadischen Aktionen, vor allem der Marine, leistete die iranische Armee, die über 125 000 Mann unter Waffen hatte, kaum nennenswerten Widerstand. Zwei Tage später, am 27. August befahl Reza Schah, dessen Gemütszustand in diesen Tagen zwischen Apathie und wilden Aktionismus geschwankt haben soll,[473] das Feuer einzustellen.[474] Sowohl für Angreifer als auch Beobachter war der schnelle und vollständige Zusammenbruch der iranischen Armee zwar überraschend.[475] Ettels Erklärung in einem Telegramm nach Berlin einige Tage später, die Verantwortung „für den in Geschichte einzigartigen und völligen Zusammenbruch eines Landes, dessen Wehrmacht noch völlig intakt war"[476] liege allein bei Reza Schah, übersah jedoch freilich die komplexen Realitäten. Die Überraschung des deutschen Gesandten war sicherlich auch auf die große Überschätzung der iranischen Armee zurückzuführen, zu dessen Legendenbildung er über Jahre selber beigetragen hatte. Die Armee, die unter dem Vorwand der Gefahr aus dem Norden in 20 Jahren aufgebaut worden war und mehr als ein Drittel des Haushaltsbudgets verschlang, litt vor allem an nicht ausreichender technischer und militärischer Vorbereitung, an mangelnder militärischer Tradition und auch an ihrem eigenen Kampfgeist. Weder Offiziere in ihrer vermeintlichen Vorbildfunktion noch einfache Soldaten schienen zu großen Opfern für das Pahlavi-Regime bereit,[477] zu-

---

471 „I beg Your Excellency to take efficacious and urgent humanitarian steps to put an end to these acts of aggression. Being assured of the sentiments of good will of Your Excellency, I renew to you the assurance of my sincere friendship." Azghandi, Die anglo-sowjetische Okkupation im Iran 25. August 1941, S.232.

472 Vgl. ebd., S.232-233.

473 Ettel schrieb nach seiner Audienz beim Schah am 25. August: „Schah ist offensichtlich von dem heute eingetretenen schlagartigen Angriff der Engländer und Russen so beeindruckt, daß ein ernsthafter Wille zum Widerstand in diesem Zweifrontenkrieg bei ihm nicht mehr besteht." ADAP, D XIII.1, Nr. 240, S.312.

474 Vgl. Jaschinsky, Das deutsch-iranische Verhältnis im Lichte der alliierten Invasion in Iran 1941, S. 170.

475 Vor allem der bereits erwähnte unerwartete sowjetische Angriff auf Azerbaijan - begleitet von massivem Einsatz der Luft- und Panzerwaffe - traf die iranische Armee völlig unvorbereitet. Vgl. Schröder, Deutschland und der Mittlere Osten im Zweiten Weltkrieg, S.246.

476 Vgl. Jaschinsky, Das deutsch-iranische Verhältnis im Lichte der alliierten Invasion in Iran 1941, S. 170.

477 Vgl. Madani, Iranische Politik und Drittes Reich, S.326-327.

dem gegen zwei derart übermächtige Gegner. Dementsprechend hoch war die Anzahl der Deserteure, vor allem an der Nordfront. Hier war das einzige Bestreben
vieler iranischer Soldaten, nicht in sowjetische Gefangenschaft zu gelangen und
viele flohen demnach regellos nach Süden.[478]

Am 30. August 1941 wurden der iranischen Regierung erneut in zwei paralle-
len Noten die britisch-sowjetischen Waffenstillstandsbedingungen mitgeteilt. Sie
erklärten, dass die Unabhängigkeit und territoriale Integrität nicht gefährdet seien
und der Einmarsch lediglich aufgrund deutscher Gefahr und nicht-kooperativer
Haltung der iranischen Regierung erfolgt sei. Sie verlangten von Teheran unter anderem, innerhalb einer Woche die im Iran befindlichen Deutschen – von einigen
Technikern abgesehen – auszuweisen, die Alliierten beim Transport von Kriegsmaterial via Straße, Bahn und Luft zu unterstützen sowie sich jeder feindlichen Haltung gegen Großbritannien oder die Sowjetunion zu enthalten. Als Gegenleistung
versicherten die Besatzungsmächte, keine weitere Truppenvorstöße vorzunehmen -
namentlich von einer Besetzung Teherans abzusehen – und Iran wirtschaftliche
Hilfe zu gewähren; die britische Regierung betonte ihren Willen, die Öl-Royalties
weiterhin zu entrichten.[479] Seit der Übergabe einer erneuten Note am 5. September
war jedoch nicht mehr „nur" von Ausweisung deutscher Staatsbürger die Rede.
Neben dem Abbruch der Beziehungen zum Deutschen Reich und anderem mehr[480]
forderten sie zudem die Auslieferung von namentlich aufgeführten Deutschen,
wohl wissend, dass die iranische Regierung danach in deutschen Augen restlos
kompromittiert wäre. Am 16. September mußte Ettel das Gebäude der deutschen
Botschaft in schwedische Obhut übergeben.[481] Deutsche mit diplomatischer Immunität und Frauen und Kinder durften über die Türkei ins Deutsche Reich zu-
rückkehren, von den restlichen 416 deutschen Männern wurden 380 von Teheran
nach Ahwaz zum britischen und 36 Personen nach Qazvin zum sowjetischen Mili-

---

478   Vgl. Schröder, Deutschland und der Mittlere Osten im Zweiten Weltkrieg, S.246.
479   Vgl. Schneider, Die britische Iranpolitik im Zweiten Weltkrieg und der Ausbruch des Kal-
      ten Krieges, Teil 1, S.182.
480   Neben der Schließung der deutschen zudem der italienischen, ungarischen und rumäni-
      schen Mission und Internierung der nichtdiplomatischen Staatsangehörigen dieser Länder.
      Ferner die Räumung der westlichen und nördlichen Provinzen und Verpflichtung zur
      „Neutralität". Darüber hinaus verlangte die Sowjetunion neue Fischereirechte im Kaspi-
      schen Meer und Erdölkonzessionen bei Semnan, Großbritannien die Ausweisung aller
      bulgarischen Staatsbürger sowie die Festnahme irakischer Flüchtlinge. Vgl. Schröder,
      Deutschland und der Mittlere Osten im Zweiten Weltkrieg, S.248-249.
481   Vgl. Philipp W. Fabry, Entscheidung in Persien. Der britisch-sowjetische Einmarsch 1941
      und das Schicksal der deutschen Kolonie, in: Damals. Das Geschichtsmagazin, (1986)1,
      S.71. In seinem letzten Telegramm aus Teheran am 16. September ließ Ettel verlauten:„
      Herr Reichsaußenminister! Ihre letzten Worte bei meiner Abmeldung in Berlin waren:
      ‚Halten Sie die Fahne hoch'. Ich melde Ihnen, daß die von einer Meute sadistischer, haßer-
      füllter Feinde eingekesselte Gesandtschaft durch schnöden Verrat einer feigen, erbärmli-
      chen, iranischen Regierung heute geschlossen werden mußte." Jaschinsky, Das deutsch-
      iranische Verhältnis im Lichte der alliierten Invasion in Iran 1941, S. 170.

tär weitergeleitet.[482] Nur einer kleinen Zahl von Deutschen, den Agenten der Abwehr und des Sicherheitsdienstes, Bernhard Schulze-Holthus, Roman Gamotha und Franz Mayer, gelang es unterzutauchen.[483] Diese Männer erhielten während der folgenden Monate und sogar Jahre genügend Unterstützung von verschiedenen Gruppen der iranischen Bevölkerung, um den Alliierten Schwierigkeiten zu bereiten.[484] So wurde ironischerweise das angebliche Ziel der anglo-sowjetischen Invasion – die Verhinderung subversiver Tätigkeiten einer fünften Kolonne – in Wirklichkeit nicht erreicht.

Die innenpolitische Lage hatte sich unterdessen zugespitzt, der unerwartete Zusammenbruch Irans führte zu chaotischen Zuständen und die Autorität des Schahs galt nicht mehr. Es ereigneten sich Plünderungen und andere Willkürakte, ernsthafte Unruhe herrschte insbesondere unter den Stämmen. Die Opposition, die zwanzig Jahre mundtot gemacht worden war, begann sich allmählich zu organisieren und Reza Schah wegen seiner undemokratischen Herrschaftsmethoden zu kritisieren.[485] Am 13. September 1941 beschloss die *Majlis*, Reza Schah aufgrund seiner Widerstandspolitik gegen die Alliierten vom Posten des Oberbefehlshabers der Streitkräfte zu entbinden. Am 14. September forderten Bullard und Smirnoff den Rücktritt Reza Schahs. Falls er seinen Thron nicht seinem Sohn überlasse, drohten sie mit der Beseitigung der Monarchie und der Unterstellung des Iran unter ein anglo-sowjetisches Duumvirat. Alliierte Truppen würden in Teheran einmarschieren und als weiteres Druckmittel wurde dem Schah von britischer und amerikanischer Seite gedroht, dessen riesige Guthaben in Großbritannien und den Vereinigten Staaten zu sperren.[486] Reza Schah trat am 17. September 1941 zugunsten seines Sohnes aus „Gesundheitsrücksichten" ab und es wurde eine Erklärung in der *Majlis* abgegeben, die ihn allein für die Politik der Regierung in den letzten 20 Jahren verantwortlich machte, da er über die volle Macht verfügt habe.[487] Reza Pahlavi wurde von Großbritannien auf die Insel Mauritius verbannt und ging von dort nach Johannesburg, wo er am 20. Juli 1944 starb.[488]

Die nicht abreißenden innenpolitischen Unruhen stellten ein große Belastung der Bahn- und Straßenverbindungen für die Versorgung der alliierten Truppen dar[489] und veranlassten die Alliierten, eine weitere Besetzung des iranischen Gebie-

---

482 Vgl. ebd.
483 Vgl. Hirschfeld, Deutschland und Iran im Spielfeld der Mächte, S.294.
484 Für einen Bericht der Tätigkeiten deutscher Agenten während des Zweiten Weltkrieges siehe Schulze-Holthus, Frührot im Iran, S.119-355.
485 Vgl. Azghandi, Die anglo-sowjetische Okkupation im Iran 25. August 1941, S.258.
486 Vgl. Madani, Iranische Politik und Drittes Reich, S.331.
487 Vgl. Archiv der Gegenwart, 1941, S.5199.
488 Vgl. Azghandi, Die anglo-sowjetische Okkupation im Iran 25. August 1941, S.260.
489 Die Öffnung der Transitwege durch Iran verschaffte den Westalliierten den ersten sicheren Zugang in die Sowjetunion, da Wladiwostok jederzeit von Japan blockiert werden konnte und die Eismeerrouten in hohem Maße gefährdet und witterungsabhängig waren. Insgesamt wurden bis 1944 über die iranischen Verkehrswege vier Millionen Tonnen Waf-

tes einschließlich Teherans vorzunehmen.[490] Am 17. September wurde die Hauptstadt besetzt und das Land erneut in drei Zonen geteilt, die südlichen und zentralen Landesteile wurden Großbritannien zugeteilt. Die Nord- und nordwestlichen Provinzen wurden der Sowjetunion unterstellt und Teheran zur neutralen Zone erklärt. Dadurch wurde faktisch das Mächteverhältnis von 1907, nach dem russisch-britischen Teilungsabkommen, wiederhergestellt und Iran blieb bis zum Jahr 1946 ein besetztes Land.[491]

Reza Schah verfolgte auch kurz vor der Invasion noch eine Pendelpolitik in der Annahme, auf diese Weise Großbritannien und Sowjetunion auf der einen und das Deutsche Reich auf der anderen Seite, wenn auch nicht ganz zufrieden zu stellen, so doch wenigstens nicht zu verärgern. Den Forderungen der neuen Alliierten nach Ausweisung zweier Drittel aller Deutschen wollte der iranische Monarch mit Verweis auf die eigenen Souveränitäts- und Neutralitätsrechte nicht nachgeben, entfernte jedoch einige wenige Deutsche des Landes, um seinen guten Willen zu demonstrieren. Dennoch war er immer darauf bedacht, Berlin nicht zu reizen, welches mit Abbruch der Beziehungen drohten. Vor allem ging es darum, Zeit zu gewinnen, bis der Sieger des Krieges in der Sowjetunion feststand. Dass Reza Schah auf Zeit spielte und in dieser Situation die militärische Stärke des Deutschen Reiches überschätzte, ist vor dem Hintergrund des begrenzten Handlungsspielraums der iranischen Regierung und der tatsächlich großen deutschen Fortschritte in der Sowjetunion im Sommer 1941 zu einem gewissen Grade vielleicht sogar nachvollziehbar. Diese riskante Strategie wäre in einer Situation, in welcher der Iran für die alliierte Kriegsführung *nicht* aufgrund ihrer Ölfelder und der günstigen Nachschubroute derart relevant gewesen wäre, vielleicht sogar erfolgreich gewesen. Dass die iranische Regierung jedoch in einer eklatanten Fehleinschätzung die akute Gefahrensituation, in der sich der Iran befand, völlig verkannte, ist schwer fassbar. Tatsächlich mag hier die Theorie der schlechten Berater - allen voran Ministerpräsident

---

fen, Munition, Bekleidung und Nahrungsmittel an die UdSSR geliefert, dazu über 150 000 Fahrzeuge und 3500 Flugzeuge. Vgl. Schröder, Deutschland und der Mittlere Osten im Zweiten Weltkrieg, S.250-251.

490 Churchill schrieb Stalin: „Eine Ausbreitung der Unruhen würde bedeuten, daß wir unsere Divisionen dazu einsetzen müßten, die Bevölkerung in Schach zu halten, uns das wiederum hieße, Straßen- und Eisenbahnverbindungen mit dem Transport dieser Divisionen und ihres Nachschubes zu belasten, während wir doch die Verbindungslinie offen halten und bis zum äußersten ausbauen wollen, um die Lieferungen an Sie durchzuschleusen." Rexin, Die unheilige Allianz, S.65.

491 Churchill drängte seit Beginn der Okkupation auf einen Dreibündnis-Vertrag zwischen Großbritannien, der Sowjetunion und Iran zur Schaffung einer rechtlichen Grundlage für die Besetzung des Landes. Mit dem Abschluss des Bündnisvertrages am 29. Januar 1942 trat Iran formell in die Kriegsfront der Alliierten ein und erklärte am 9. September 1943 offiziell dem Deutschen Reich den Krieg. Großbritannien verließ Iran am 1. März 1946, die Sowjetunion erst auf Drängen am 6. Mai 1946. Vgl. Azghandi, Die anglo-sowjetische Okkupation im Iran 25. August 1941, S262-264.

Mansuri und Außenminister Ameri - zutreffend sein, die der aufbrausende Schah, der eifersüchtig seinen Thron vor allzu kritischen und mächtigen Ministern bewachte, in den zwanzig Jahren an der Macht um sich gescharrt hatte. Das militärische Vorgehen der Alliierten wiederum konnte weder vertraglich noch völkerrechtlich gerechtfertigt werden. Zwar begründeten die Sowjets ihren Einmarsch immerhin noch eloquent mit dem berüchtigten Artikel 6 des Vertrages von 1921, von einer „Operationsbasis einer bewaffneten Interventionen einer dritten Macht gegen die UdSSR" kann jedoch in diesem Fall kaum die Rede sein, zumal wenn man bei der Übergabe der Deutschen an die Alliierten die niedrige Zahl von gut 400 verbliebenen Männer bedenkt. So diente die Invasion der beiden Großmächte lediglich als Präventivmaßnahme, um eventuell auftretende Schwierigkeiten, die bei der Verteidigung der politischen und wirtschaftlichen Interessen, bei der Sicherung der Erdölförderung und des Materialtransportes an die Sowjetunion auftreten konnten, zu vermeiden. Dass Reza Schah zu diesem Zwecke abdanken musste und das Land erneut besetzt und in drei Zonen aufgeteilt wurde, war daher nur konsequent. Die alliierte Propaganda ließ im Nachhinein nichts unversucht, um die Invasion des Iran zu legitimieren. So folgte die britische Argumentation der kaum zu folgenden Logik, man habe den Iran nur besetzt, um einer Beeinträchtigung seiner Souveränität durch die Achsenmächte zuvorzukommen. Der Makel, sich gegen ein neutrales Land vergangen zu haben, bleibt haften, aber Churchill befand in diesem Zusammenhang ohnehin „inter arma silent leges".[492]

---

492 Churchill, The Grand Alliance, S.482.

V. Fazit

Reza Schahs innenpolitischen Reformen und vor allem ihre Durchführung waren und sind teilweise heftig umstritten, hatten jedoch zweifellos eine starke Zentralgewalt zur Folge und mit dem Militär als Rückgrat des Regimes regierte der Monarch mit eiserner Hand. Die Außenpolitik zu dominieren gestaltete sich dagegen schwieriger. In Abkehr von der traditionell aggressiven Nachbarschaftspolitik wurde eine Annäherung an die muslimischen Nachbarn angestoßen, Jahrhunderte alte Grenzkonflikte mit dem Irak, Afghanistan und der Türkei wurden gelöst oder zumindest entschärft. Der Saadabad-Pakt als Höhepunkt dieser regionalen Zusammenarbeit stand beispielhaft für die Stärkung der Region und signalisierte zudem das neue Selbstverständnis der genannten Länder, die nun ebenfalls nach den Regeln der internationalen Diplomatie mitzuspielen gedachten. Ebenso demonstrierte der Besuch des iranischen Monarchen Reza Schahs bei Mustafa Kemal Atatürk das gewachsene Selbstbewusstsein beider Staaten. Die Zeremonien stellten mit dem Fokus auf nationale Insignien wie Hymnen und Fahnen eine Souveränitätsbeteuerung dar und belegen damit die von Randeria und Conrad beschriebene Wirkung von Austausch und Interaktion innerhalb einer *entangled history*. Sowohl Atatürk als auch Reza Schah suchten aus den traditionellen, islamischen Ländern moderne, säkulare Staaten nach westlichem Vorbild zu schaffen.

Das Beziehungsgeflecht und vor allem das Abhängigkeitsverhältnis, in dem sich der Iran zwischen 1921 und 1941 zu den Großmächten Sowjetunion und Großbritannien befand, stützen die Theorie des *informal empire*, nach der sich Herrschaft nicht nur in formeller Annektierung sondern auch in informeller Herrschaft, vor allem durch wirtschaftlichen Einfluss, ausdrücken konnte. Dass wirtschaftliche Macht auch politische zur Folge hatte, wurde in der Analyse der iranischen Politik der Ära Reza Schah deutlich: der Sowjetunion ermöglichte der Status als größter Handelspartner des Iran ein hohes Maß an Einflussnahme, für Großbritannien stellte die Erdölkonzession den Schlüssel für seine Position im Iran dar. War der Iran nach Abzug der sowjetischen und britischen Truppen im Jahre 1921 bis zur erneuten Invasion 1941 auch faktisch ein freies, souveränes Land, so wurde in der vorliegenden Arbeit dennoch gezeigt, in was für engen Grenzen sich diese Souveränität tatsächlich bewegte.

Im Gegensatz zur traditionellen britischen Vorgehensweise in Persien wurde die persische Zentralgewalt nach dem Staatsstreich 1921 von Großbritannien gestärkt und Reza Schah in seiner Rolle als lokaler Kollaborateur unterstützt. Die Politik der dritten Macht, welche eine Dekade zuvor mit dem Amerikaner Morgan Shuster an dem Widerstand der Sowjetunion und Großbritanniens gescheitert war, wurde der persischen Regierung in den 1920ern mit der vorsichtig auftretenden Weimarer Republik zugestanden. Vor diesem Hintergrund entwickelte die iranische Außenpolitik gegenüber London und Moskau ein neues Selbstbewusstsein, welches sich unter anderem in Reza Schahs Annullierung der britischen Kapitulationsrechte, der Gründung einer persischen Nationalbank sowie umfassenden Industrialisierungsbemühungen zur Abnabelung von der Sowjetunion zeigte; kurz: die Souveränität des persischen Monarchen schien in hohem Maße gesteigert. Vor allem die wiedererlangte Unabhängigkeit des Iran nach den Wirren des Ersten Weltkrieges und die neue Positionierung innerhalb der Staatengemeinschaft stellten Erfolge der Außenpolitik dar. Die gesteigerte Handlungsfähigkeit war zwar zum einen begründet durch die *hands-off policy* der Großmächte im Iran. Die britische und sowjetische Zurückhaltung war jedoch ebenso eine Reaktion auf die starke Zentralregierung in Teheran unter Reza Schah. Diese Wechselwirkung steht daher beispielhaft für die Verflechtungen und Interdependenzen einer *entangled history* und für die koloniale Begegnung nicht nur durch den Transfer aus den Mutterländern in die Peripherie sondern auch umgekehrt aus der Peripherie in die Mutterländer.

Vor allem in den 1930ern führte das neue iranische Vorgehen jedoch zu Reaktionen der einflussreichen Nachbarn, die zeigten, dass London und Moskau sich aus der alltäglichen Politik des Iran zwar heraus hielten und Irans Handlungsspielraum durchaus gewachsen war, die Wurzeln der britischen und sowjetischen informellen Herrschaft jedoch nicht anfechtbar waren. Irans Einführung des Außenhandelsmonopols zum Schutze der eigenen Wirtschaft lehnte der Handelspartner Sowjetunion schlicht ab, die Annullierung der britischen Ölkonzession zur Erhöhung des persischen Anteils führte zu einem für Teheran höchst nachteiligen neuen Abschluss, der die Konzession um 30 Jahre verlängerte. Und auch das deutsche Engagement, das nun nicht mehr wirtschaftlich sondern politisch motiviert war, wurde mit zunehmend weniger Wohlwollen betrachtet und schließlich von Moskau mit Säbelrasseln quittiert.

Das Dilemma des Iran war, dass es sich durch die Industrialisierung des Landes und dem Bau einer Infrastruktur, unter anderem mittels der Transiranischen Eisenbahn, der Abhängigkeit von anderen Mächten entledigen wollte. Eben diese Modernisierung konnte Teheran jedoch nur mit der Hinwendung zu einer der Großmächte erreichen. Die Loslösung von der Sowjetunion, die eine für den Iran desaströse Handelspolitik betrieb, konnte demnach nur mit einer Abhängigkeit von Berlin erkauft werden, welches nun seinerseits Einfluss auf den Iran ausübte. Der begrenzte Handlungsspielraum iranischer Außenpolitik zeigte sich vollends mit dem Ausbruch des Zweiten Weltkrieges. Das Ziel war weiterhin die Fortführung der Industrialisierung sowie der Aufrüstung, da die Furcht vor einer sowjetischen Invasion zunehmend wuchs. Großbritannien konnte und wollte den Iran nicht unterstützen, so dass eine weitere Annäherung an das Deutsche Reich trotz dessen Nichtangriffspakt mit Moskau die einzige Option darstellte. Vor diesem Beziehungsgeflecht bemühte Reza Schah eine Pendelpolitik, welche die Brücken zu keinem der Großmächte abriss und dennoch die Eigenständigkeit innerhalb dieses Korsetts zu wahren suchte. Doch wuchs die Abhängigkeit der iranischen Regierung von den politische Umständen immer stärker und eine souveräne Außenpolitik wurde zunehmend utopischer. Spätestens mit der anglo-sowjetischen Forderung nach Ausweisung der Deutschen aus dem Iran wurden der iranischen Regierung endgültig die Zügel aus der Hand genommen und die Entscheidung zur Invasion fiel, ohne dass Teherans Reaktion daran hätte etwas ändern können. Strategische Überlegungen waren hier das Hauptmotiv: die Vorgänge in der Peripherie, sprich im Iran, bedrohten britische Globalinteressen. Dabei ging es um die Sicherung der Nachschubroute über die iranische Eisenbahn in die Sowjetunion, die Sicherung der britischen Ölfelder im Iran sowie den Schulterschluss der neuen Verbündeten aus Moskau und London. Diese Gründe – und nicht die Präsenz der Deutschen oder Reza Schahs vermeintlich pro-deutsche Politik – machten den Iran erneut zum Opfer seiner geopolitischen Situation und führten zur anglo-sowjetischen Invasion des Landes.

Dennoch kann Reza Schahs Politik am Vorabend der Invasion nur als misslungen und realitätsfern bewertet werden. War es ihm zwei Jahrzehnte lang gelungen, den Iran innerhalb der gegebenen Grenzen selbstbestimmt durch das Mächtegeflecht zu manövrieren, fehlten ihm in der akuten Gefahrensituation im August 1941 das Gespür und die richtigen Berater. Nach fast zwanzig Jahren Zurückhaltung und Indifferenz intervenierten die britische und sowjetische Regierung im Iran erneut in dem Moment, in dem das Land für sie tatsächlich relevant wurde und der Iran wurde zum Spielball der Mächte. Ganz nach dem von Robinson und Gallagher ausgearbeiteten Prinzip „extending control informally if possible and formally if neccessary" wurde im August 1941 die formelle Herschaft „notwendig" und die neuen Verbündeten erinnerten Teheran daran, wer faktisch das Steuer führte. Ebenso zeigt sich in der iranischen Außenpolitik der Ära Reza Schahs, die – zwischen anglo-sowjetischer Machtbalance und dem Einfluss einer dritten Macht – um Souveränität rang, und vor allem in der Kulmination durch die anglo-sowjetische Invasion des Landes 1941, der fließende Übergang vom *informal* zum *formal empire*. Ironisch ist dennoch, dass ausgerechnet Reza Schahs Prestigeprojekt und das vermeintliche Mittel zur Unabhängigkeit, die Transiranische Eisenbahn, mitentscheidend wurde für die abermalige Besetzung des Iran durch Großbritannien und die Sowjetunion.

Die angewandte Methodik hat sich als vorteilhaft für diese Arbeit erwiesen. So konnte die von der neuen Politikgeschichte postulierte Verschränkung von Politik und Gesellschaft am Iran der Ära Reza Schah veranschaulicht werden. Die iranische Gesellschaft bildete im untersuchten Zeitraum nicht lediglich den Hintergrund, sondern beeinflusste die Politik und die Entwicklungen im Land maßgeblich: Die Konstitutionelle Revolution 1905-1911, von einem breiten Teil der Bevölkerung getragen, brachte die Reformen auf die Agenda, welche später den innenpolitischen Kurs Reza Schahs bestimmten. Zudem wurde dieser Kurs nationaler Unabhängigkeit ebenfalls zum Credo der iranischen Außenpolitik. Wenn auch die Grenzen zwischen Staat, Wirtschaft, Politik und Kultur in der untersuchten Periode noch nicht verwischt waren, wie es in modernen Industriegesellschaften der Fall ist, so wurde dennoch gezeigt, dass die Politik Reza Schahs nicht gesondert von der Gesellschaft dargestellt werden kann, ohne die komplexen Umstände zu stark zu vereinfachen.

Das iranische Beziehungsgeflecht zwischen 1921 und 1941 konnte mit dem globalgeschichtlichen Ansatz des ‚diagonalen' Fragens quer zu den Nationalgeschichten ebenfalls anschaulich dargestellt werden. Die Positionierung des Iran als handelndem Subjekt in das Zentrum des Beziehungsgeflechtes eröffnete die Möglichkeit, nicht lediglich Reaktionen aus Teheran auf außenpolitische Herausforderungen zu untersuchen, sondern ebenfalls die iranische Politik im Hinblick auf Leitlinien zu durchleuchten. Gleichwohl wurde ebenfalls die Perspektive der betroffenen Mächte Großbritannien, Sowjetunion und des Deutschen Reiches für die Analyse der iranischen Außenpolitik herangezogen.

Als letzter Punkt sollte der mangelnde Rückhalt für Reza Schah in der Bevölkerung erwähnt werden. Dieser zeigte sich während der Invasion in der offensichtlich fehlenden Kampfbereitschaft der iranischen Truppen ebenso wie in der anschließenden Gleichgültigkeit oder gar Erleichterung der Bevölkerung über Reza Schahs Abdankung. Es wurde offenkundig, wie wenig die iranische Bevölkerung in den Modernisierungs- und Nationalisierungs-Prozess eingebunden worden war, beispielsweise im Falle des Schleierverbots. Der Transfer von westlichen Konzepten und Normen hatte letztlich aufgrund mangelnder Kommunikation beziehungsweise Vorbereitung und ihrer gewaltsamen Durchführung fehlenden Rückhalt des Monarchen in der Bevölkerung zur Folge. Hier zeigte sich die *agency* der Kolonisierten in der Reaktion des iranischen Volkes. Vor diesem Hintergrund wäre eine Untersuchung über die Folgen der Verwestlichungs- und Modernisierungsmaßnahmen der Ära Reza Schahs für den heutigen Iran höchst aufschlussreich, das sich seit der Revolution 1979 gegen dessen Sohn Mohammad Reza Pahlavi als Islamische Republik Iran in der Hand eines „Obersten Rechtsgelehrten" und unter den Gesetzen des Koran befindet. Solch eine Untersuchung sollte günstigenfalls stärker die – wenigen – unversehrt gebliebenen iranischen Quellen, die in den Teheraner Archiven lagern, einbeziehen: Denn auch in der Forschung über die iranische Geschichte zwischen 1921 und 1941 ist, fast schon analog zur tatsächlichen Geschichte dieser Zeit, der Einfluss ausländischer Quellen immer noch dominant.

Literaturverzeichnis

Abrahamian, Ervand, Iran between two Revolutions, Princeton 1982.

Adamec, Ludwig W., Afghanistan's Foreign Affairs to the Mid-Twentieth Century: Relations with the USSR, Germany, and Britain, Tucson 1974.

Adli, Abolfazl, Außenhandel und Außenwirtschaftspolitik des Iran, Berlin 1960.

Ansari, Hormoz, Deutsch-Iranische Beziehungen nach dem Zweiten Weltkrieg, München 1967.

Azghandi, Alireza, Die anglo-sowjetische Okkupation im Iran 25. August 1941, Bonn 1978.

Bakhash, Shaul, The Troubled Relationship: Iran and Iraq, 1930-1980, in: Lawrence G. Potter/Gary G. Sick (Hg.), Iran, Iraq, and the Legacies of War, New York 2004, S.11-27.

Banani, Amin, The Modernization of Iran 1921-1941, Stanford 1961.

Bayat, Kaveh, Riza Shah and the Tribes: An Overview, in: Stephanie Cronin (Hg.), The Making of Modern Iran. State and Society under Riza Shah, 1921-1941, London u.a. 2003, S. 213-219.

Bayly, Christopher A., The Birth of the Modern World, 1780-1914, Oxford 2004.

Beaumont, Joan, Great Britain and the Rights of Neutral Countries: The Case of Iran, 1941, in: Journal of Contemporary History 16, 1, The Second World War: Part 1. (Jan., 1981), S.213-228.

Boroujerdi, Mehrzad, Triumphs and Travails of Authoritarian Modernisation in Iran, in: Stephanie Cronin (Hg.), The Making of Modern Iran. State and Society under Riza Shah, 1921-1941, London u.a. 2003, S.146-154.

Boyd, Carl, The Berlin-Tokyo Axis and Japanese Military Initiative, in: Modern Asian Studies 15, 2 (1981), S.311-338.

Budde, Gunilla/Conrad, Sebastian u.a. (Hg.), Transnationale Geschichte. Themen, Tendenzen und Theorien, Göttingen 2006.

Cains, P.J../Hopkins, A.G., British Imperialism, 1: Innovation and Expansion, 1688-1914, London 1993.

Chakrabarty, Dipesh, Europa provinzialisieren. Postkolonialität und die Kritik der Geschichte, in: Sebastian Conrad/Randeria Shalini (Hg.), Jenseits des Eurozentrismus, Postkoloniale Perspektiven in den Geschichts- und Kulturwissenschaften, Frankfurt a.M. u.a. 2002, S.283-312.

Chehabi, H.E., The Banning of the Veil and its Consequences, in: Stephanie Cronin (Hg.), The Making of Modern Iran. State and Society under Riza Shah, 1921-1941, London u.a. 2003, S.193-210.

Chimelli, Rudolph, Alte Feine, neue Freunde, in: Süddeutsche Zeitung, 03.März 2008, S.4.

Conrad, Sebastian/Randeria, Shalini, Geteilte Geschichten – Europa in einer postkolonialen Welt, in: dies. (Hg.), Jenseits des Eurozentrismus, Postkoloniale Perspektiven in den Geschichts- und Kulturwissenschaften, Frankfurt a.M. u.a. 2002, S.9-49.

Conrad, Sebastian/Osterhammel, Jürgen (Hg.), Das Kaiserreich transnational. Deutschland in der Welt 1871-1914, Göttingen 2004.

Conrad, Sebastian/Eckert, Andreas, Globalgeschichte, Globalisierung, multiple Modernen: Zur Geschichtsschreibung der modernen Welt, in: Sebastian Conrad, Andreas Eckert u.a. (Hg.), Globalgeschichte. Theorien, Ansätze, Themen, Frankfurt u.a. S.7-49.

Cottam, Richard W., Nationalism in Iran, Pittsburgh 1979.

Cronin, Stephanie, The Army and the Creation of the Pahlavi State in Iran, 1910-1926, London u.a. 1997.

Cronin, Stephanie, The Army, Britain and the Rise of Reza Khan, in: Vanessa Martin (Hg.), Anglo-Iranian Relations since 1800, London u.a. 2005, S.99-127.

Cronin, Stephanie (Hg.), The Making of Modern Iran. State and Society under Riza Shah, 1921-1941, London u.a. 2003.

Curtin, Philip D., The World and the West: The European Challenge and the Overseas Response in the Age of Empire, Cambridge 2000.

Djazani, Bijan, Klassenkämpfe im Iran, Berlin 1976.

Doyle, Michael W., Empires, Ithaca 1986.

Eley, Geoff, Wie denken wir über Politik? Alltagsgeschichte und die Kategorie des Politischen, in: Berliner Geschichtswerkstatt (Hg.), Alltagsgeschichte, Subjektivität und Geschichte, Münster 1994, S.17-36.

Elwell-Sutton, L.P., Modern Iran, London 1942.

Eshraghi, F., Anglo-Soviet Occupation of Iran in August 1941, in: Middle Eastern Studies 20, 1 (Jan.1984), S.27-52.

Eshraghi, F., The Immediate Aftermath of Anglo-Soviet Occupation of Iran in August 1941, in: Middle Eastern Studies 20, 3 (Jul. 1984), S.324-351.

Espagne, Michel, Au delà du comparatisme, in: ders., Les transferts culturels franco-allemands, Paris 1999, S.35-49.

Evans, Peter /Rueschemeyer, Dietrich u.a. (Hg.), Bringing the State Back in, Cambridge 1985.

Fabry, Philipp W., Die Sowjetunion und das Dritte Reich: Eine dokumentierte Geschichte der deutsch- sowjetischen Beziehungen von 1933 bis 1941, Stuttgart 1971.

Fabry, Philipp W., Entscheidung in Persien. Der britisch-sowjetische Einmarsch 1941 und das Schicksal der deutschen Kolonie, in: Damals. Das Geschichtsmagazin 1 (1986).

Ferguson, Niall, Empire. How Britain Made the Modern World, London 2003.

Ferrier, R.W., Anglo-Iranian Relations, in: Encyclopaedia Iranica, http://www.iranica.com/newsite/ (Zugriff: 07.10.2010).
Foran, John, Fragile Resistance: Social Transformation in Iran from 1500 to the Revolution, Boulder 1993.

Frevert, Ute, Neue Politikgeschichte: Konzepte und Herausforderungen, in: Ute Frevert/Heinz-Gerhard Haupt (Hg.), Neue Politikgeschichte. Perspektiven einer historischen Politikforschung, Frankfurt u.a. 2005, S.7-26.

Gallagher, John/Robinson, Ronald, The Imperialism of Free Trade, in: The Economic History Review, Second Series, 6, 1 (1953), S.1-15.

Gandhi, Leela, Postcolonial Theory, New York 1998.

Geyer, Martin H./Paulmann, Johannes (Hg.), The Mechanics of Internationalism. Culture, Society, and Politics from the 1840s to the First World, Oxford 2001.

Ghani, Cyrus, Iran and the Rise of Reza Shah. From Qajar Collapse to Pahlavi Rule, London u.a. 1998.

Glaesner, Heinz, Das Dritte Reich und der Mittlere Osten. Politische und wirtschaftliche Beziehungen Deutschlands zur Türkei 1933-1939, zu Iran 1933-1941 und zu Afghanistan 1933-1941,Würzburg 1976.

Gilroy, Paul, The Black Atlantic, Modernity and Double Consciousness, London 1993.

Gronke, Monika, Geschichte Irans, Von der Islamisierung bis zur Gegenwart, München 2003.

Hauner, Milan L., Afghanistan between the Great Powers, 1938 – 1945, in: International Journal of Middle East Studies 14, 4 (Nov., 1982), S.481-499.
Haupt, Heinz-Gerhard/Kocka, Jürgen (Hg.), Geschichte und Vergleich, Ansätze und Ergebnisse international vergleichender Geschichtsschreibung, Frankfurt a.M. 1996.

Hillgruber, Andreas, Politische Geschichte in moderner Sicht, in: Historische Zeitschrift 216 (1973), S.529-552.

Hillgruber, Andreas, The Third Reich and the Near and Middle East, in: Uriel I. Dann (Hg.), The Great Powers in the Middle East, Tel Aviv 1988, S.274-282.

Hilpert, Dagmar, Die Welt ist nicht genug! Zur Bedeutung von europäischer Geschichtsschreibung im „Zeitalter der Globalisierung", in: Jahrbuch für Europäische Geschichte 8 (2007) S.161-180.

Hirschfeld, Yair P., Deutschland und Iran im Spielfeld der Mächte. Internationale Beziehungen unter Reza Schah 1921-1941, Düsseldorf 1980.

Hirschfeld, Yair P., The Northern Tier in European Politics during the 1920s and 1930s. Prelude to Cold War, in: Uriel I. Dann (Hg.), The Great Powers in the Middle East, Tel Aviv 1988, S.317-332.

Jacobson, Jon, Locarno Diplomacy. Germany and the West, 1925-1929, Princeton 1972.

116

Jaschinsky, Klaus, Das deutsch-iranische Verhältnis im Lichte der alliierten Invasion in Iran 1941, in: Wolfgang G. Schwanitz (Hg.), Deutschland und der Mittlere Osten, Leipzig 2004, S.151-172.

Jones, Geoffrey, The Imperial Bank of Iran and Iranian Economic Development, 1890-1952, http://www.h-net.org/~business/bhcweb/publications/BEHprint/v016/p0069-p0082.pdf, S.69-81 (Zugriff: 12.8.2010).

Juillard, Jacques, Political History in the 1980s, in: Theodore K. Rabb/Robert I. Rothberg (Hg.), The New History. The 1980s and Beyond, Princeton 1981, S.30-47.

Kaelble, Hartmut, Der historische Vergleich. Eine Einführung zum 19. und 20. Jahrhundert, Frankfurt a.M. 1999.

Kapur, Harish, Soviet Russia and Asia 1917-1927: A Study of Soviet Policy towards Turkey, Iran and Afghanistan, Genf 1966.

Kashani-Sabet, Firoozeh., Frontier Fictions. Shaping the Iranian Nation, 1804-1946, London 2000.

Katouzian, Homa, The Political Economy of Modern Iran: Despotism and Pseudo-Modernism, 1926-1979, New York 1981.

Katouzian, Homa, Mussadiq and the Struggle for Power in Iran, London u.a. 1990.

Katouzian, Homa, The Campaign against the Anglo-Iranian Agreement of 1919, in: British Journal of Middle Eastern Studies 25, 1 (Mai, 1998), S.5-46.

Katouzian, Homa, State and Society in Iran: The Eclipse of the Qajars and the Emergence of the Pahlavis, London u.a. 2000.

Katouzian, Homa, Riza Shah's Political Legitimacy and Social Base, 1921-1941, in: Stephanie Cronin (Hg.), The Making of Modern Iran. State and Society under Riza Shah, 1921-1941, London u.a. 2003, S.15-36.

Keddie, Nikki R., Roots of Revolution: An Interpretative History of Modern Iran, New Haven u.a. 1981.

Keddie, Nikki R., Qajar Iran and the Rise of Reza Khan, 1796-1925, London u.a. 1999.

Kettenacker, Lothar, The Anglo-Soviet Alliance and the Problem of Germany, 1941-1945, in: Journal of Contemporary History 17, 3 (Jul., 1982), S. 435-458.

Kirk, George E., A Short History of the Middle East, Washington 1949.

Kirk George E., The Middle East in the War, London u.a. 1952.

Kitchen, Martin, Winston Churchill and the Soviet Union during the World War, in: The Historical Journal 30, 2 (Jun., 1987), S.415-436.

Kuniholm, Bruce R., The Origins of the Cold War in the Near East: Great Power Conflict and Diplomacy in Iran, Turkey, and Greece, Princeton 1994.

Küntzel, Matthias, Die Deutschen und der Iran. Geschichte und Gegwart einer verhängnisvollen Freundschaft, Berlin 2009.

Leff, Mark H., Revisioning U.S. Political History, in: American Historical Review 100 (1995), S.829-853.

Lemkuhl, Ursula, Diplomatiegeschichte als internationale Kulturgeschichte. Theoretische Ansätze und empirische Forschung zwischen Historischer Kulturwissenschaft und Soziologischem Institutionalismus, in: Geschichte und Gesellschaft 27 (2001), S.394-423.

Lenczowski, George, The Middle East in World Affairs, Ithaca 1956.

Lenzcowski, George, Russia and the West in Iran, 1918-1948. A Study in Big-Power Rivalry, Westport 1968.

Lenczowski, George (Hg.), Iran under the Pahlavis, Stanford 1978.

Lindenberger, Thomas, Straßenpolitik. Zur Sozialgeschichte der öffentlichen Ordnung in Berlin 1900-1914, Bonn 1995.

Lüdtke, Alf, Rekonstruktion von Alltagswirklichkeit – Entpolitisierung der Sozialgeschichte?, in: Robert M. Berdahl u.a. (Hg.), Klassen und Kultur, Frankfurt 1982, S.321-353.

Luis, Wm. Roger (Hg.), Imperialism: The Robinson and Gallagher Controversy, New York 1976.

Loth, Wilfried/ Osterhammel, Jürgen (Hg.), Internationale Geschichte. Themen, Ergebnisse, Aussichten, München 2000.

Madani, Djalal, Iranische Politik und Drittes Reich, Frankfurt a.M. u.a. 1985.

Mahrad, Ahmad, Iran unter der Herrschaft Reza Schahs, Frankfurt a.M. u.a. 1977.
Mahrad Ahmad, Die deutsch-persischen Beziehungen von 1918-1933, Frankfurt u.a. 1979.

Maier, Charles S., American Ascendancy and its Predecessors, Cambridge 2006.

Majd, Mohammad Gholi Great Britain and Reza Shah: The Plunder of Iran, 1921-1941, Gainesville u.a. 2001.

Makki, Hossein, Tarikh-e Bistsale-ye Iran (20 Jahre iranischer Geschichte), Bd. 3, Teheran 1995.

Malek, Mohammad, Oil in Iran between the two World Wars, in: Vanessa Martin (Hg.), Anglo-Iranian Relations since 1800, London u.a. 2005, S.128-136.

Manning, Patrick, Navigating World History. Historians Create a Global Past, New York 2003.

Marashi, Afshin, Performing the Nation. The Shah's Official State Visit to Kemalist Turkey, June to July 1934, in: Stephanie Cronin (Hg.), The Making of Modern Iran. State and Society under Riza Shah, 1921-1941, London u.a. 2003, S.99-119.

Mares, Detlev, Zum Verhältnis von Sozialgeschichte und Politikgeschichte in Großbritannien, in: Neue Politische Literatur 44 (1999), S.81-86.

Martin, Vanessa (Hg.), Anglo-Iranian Relations since 1800, London u.a. 2005.

Mazlish, Bruce/ Buultjens, Ralph (Hg.), Conceptualizing Global History, Boulder 1993.

McMillan, James F., Social History, "New Cultural History", and the Rediscovery of Politics. Some Recent Works in Modern France, in: Journal of Modern History 66 (1994), S.755-772.

Middel, Matthias, Kulturtransfer und Historische Komparatistik – Thesen zu ihrem Verhältnis, in: Comparativ 10 (2000), S.7-41.

Mikdashi, Zuhayr, A Financial Analysis of Middle Eastern Oil Concessions, New York u.a. 1966.

Millspaugh, Arthur C., The American Task in Persia, New York 1973.

von zur Muehlen, Patrick, Zwischen Hakenkreuz und Sowjetstern – Der Nationalismus der sowjetischen Orientvölker im Zweiten Weltkrieg, Düsseldorf 1971.

Münkler, Herfried, Imperien. Die Logik der Weltherrschaft vom alten Rom bis zu den Vereinigten Staaten, Berlin 2004.

Nakhdjawan, M., Tarikhe djange djahanie dovom (Die Geschichte des Zweiten Weltkrieges), Teheran 1960.

Nghi Ha, Kien, Ethnizität und Migration, Münster 1999.

Onley, James, Britain's Informal Empire in the Gulf 1820-1971, in: Journal of Social Affairs 22, 87 (Herbst 2005), S.29-45.

Osterhammel, Jürgen, Geschichtswissenschaft jenseits des Nationalstaats. Studien zu Beziehungsgeschichte und Zivilisationsvergleich, Göttingen 2001.

Osterhammel, Jürgen, Transnationale Gesellschaftsgeschichte. Erweiterung oder Alternative?, in: Geschichte und Gesellschaft 27 (2001), S.367-393.

Osterhammel, Jürgen/Petersson, Niels P., Geschichte der Globalisierung: Dimensionen, Prozesse, Epochen, München 2003.

Osterhammel, Jürgen, Weltgeschichte, in: Stefan Jordan (Hg.), Lexikon Geschichtswissenschaft, Hundert Grundbegriffe, Stuttgart 2002, S.324.

Patel, Kiran Klaus, Nach der Nationalfixiertheit. Perspektiven einer transnationalen Geschichte, Berlin 2004.

Paulmann, Johannes, Internationaler Vergleich und interkultureller Transfer. Zwei Forschungsansätze zur europäischen Geschichte des 18. bis 20. Jahrhunderts, in: Historische Zeitschrift 267 (1998), S.649-685.

Pedersen, Susan, What is Political History Now?, in: David Cannadine (Hg.), What is History Now?, New York 2002, S.36-56.

Pesyan, Ajafgholi/Motased, Khosro, Reza Shah az Sawadkuh ta Jouhannesburg. Zendegi-e Reza Shah (Reza Schah von Sawadkuh bis Johannesburg. Das Leben des Reza Schah), Teheran 1998.

Pieterse, Jan Nederveen, Globalization or Empire?, New York 2004.

Porter, Bernard, Empire and Superempire. Britain, America and the World, Oxford 2006.

Ramazani, Rouhollah K., The Foreign Policy of Iran. A Developing Nation in World Affairs, 1500-1941, Charlottesville 1966.

Randeria, Shalini, Geteilte Geschichte und verwobene Moderne, in: Jörn Rüsen (Hg.), Zukunftsentwürfe. Ideen für eine Kultur der Veränderung. Frankfurt a.M. 1999, S.87-96.

Rezun, Miron, Reza Shah's Court Minister: Teymourtash, in: International Journal of Middle East Studies 12, 2 (Sept., 1980), S.119-137.

Rezun, Miron, The Soviet Union and Iran: Soviet Policy in Iran from the Beginning of the Pahlavi Dynasty Until the Soviet Invasion in 1941, Genf 1981.

Rezun, Miron, The Iranian Crisis of 1941. The Actors: Britain, Germany and the Soviet Union, Köln u.a. 1982.

Robinson, Ronald, Non-European Foundations of European Imperialism. Sketch for a Theory of Collaboration, in: Roger Owen/Bob Sutcliff (Hg.), Studies in the Theory of Imperialism, London 1972, S.117-142.

Ro'i, Yaacov, Official Soviet Views on the Middle East, in: Uriel I. Dann (Hg.), The Great Powers in the Middle East, Tel Aviv 1988, S.301-307.

Romper, Philip/Elphick, Richard H. u.a. (Hg.), World History. Ideologies, Structures and Identities, Oxford 1988.

Roscher, Bernhard, Der Briand-Kellogg-Pakt: Der "Verzicht auf den Krieg als Mittel nationaler Politik" im völkerrechtlichen Denken der Zwischenkriegszeit, Baden-Baden 2004.

Sabahi,Houshang, British Policy in Persia 1918-1925, London 1990.

Schneider, Wolfram, Die britische Iranpolitik im Zweiten Weltkrieg und der Ausbruch des Kalten Krieges, Teil 1, Hamburg 1996.

Schröder, Bernd Philipp, Deutschland und der Mittlere Osten im Zweiten Weltkrieg, Göttingen 1975.

Schwanitz, Wolfgang G., Paschas, Politiker und Paradigmen: Deutsche Politik im Nahen und Mittleren Orient 1871-1945, in: ders., Deutschland und der Mittlere Osten, Leipzig 2004, S.22-45.

Sepehr, A. A., Iran dar djange djajani-e do (Der Iran im Zweiten Weltkrieg), Teheran 1977.

Shokat, Hamid, Dar tirasse hadese. Zendegi-e siasi-e Ghavam (In Reichweite der Ereignisse. Das politische Leben des Ghavam), Teheran 2007.

Shwadran, Benjamin, The Middle East, Oil and the Great Powers, New Brunswick 1973.

Silverfarb, Daniel, Britain's Informal Empire in the Middle East: A Case Study of Iraq 1929-1941, New York 1986.

Skocpol, Theda, Protecting Soldiers and Mothers: The Political Origins of Social Policy in the United States, Cambridge 1992.

Sluglett, Peter, Formal and Informal Empire in the Middle East, in: The Oxford History of the British Empire, 5, in: Robin W. Winks (Hg.), Historiography, Oxford 1999.

Sommer,Theo, Deutschland und Japan zwischen den Mächten, 1935 - 1940 : Vom Antikominternpakt zum Dreimächtepakt. Eine Studie zur diplomatischen Vorgeschichte des Zweiten Weltkriegs, Tübingen 1962.

Smith, Bradley F., Sharing Secrets with Stalin, How the Allies traded Intelligence, 1941-1945, Kansas 1996

Stewart, Richard A., Sunrise at Abadan, The British and Soviet Invasion of Iran, 1941, New York 1988.

Stoler, Ann Laura, Race and the Education of Desire. Foucault's History of Sexuality and the Colonial Order of Things, Durham 1995.

Strohmeier, Martin/Yalcin-Heckmann, Lale, Die Kurden. Geschichte, Politik, Kultur, München 2003.

Trukhanovsky, Vladimir, British Foreign Policy during World War II, 1939-1945, Moskau 1970.

Watt, D. Cameron, The Saadabad Pact of 8 July 1937, in: Uriel I. Dann (Hg.), The Great Powers in the Middle East, Tel Aviv 1988, S.333-352.

Werner, Michael/Zimmermann, Bénédicte, Vergleich, Transfer, Verflechtung. Der Ansatz der histoire croisée und die Herausforderung des Transnationalen, in: Geschichte und Gesellschaft 28 (2002), S.607-636.

Wilber, Donald N. (Hg.), Riza Shah Pahlavi: the Resurrection and Reconstruction of Iran, New York 1975.

Woodward, Llewellyn, British Foreign Policy in the Second World War, Bd. 1, London 1970.

Woodward, Llewellyn, British Foreign Policy in the Second World War, Bd. 2, London 1972.

Young, Robert, Postcolonialism. A Historical Introduction, Oxford 2001.

Zirinsky, Michael P., Imperial Power and Dictatorship. Britain and the Rise of Reza Shah, 1921-1926, in: International Journal of Middle East Studies 24, 4 (Nov., 1992), S.639-663.

Zirinsky, Michael P., Riza Shah's Abrogation of Capitulations, 1927-1928, in: Stephanie Cronin (Hg.), The Making of Modern Iran. State and Society under Riza Shah, 1921-1941, London u.a. 2003, S.81-98.

Memoiren:

Arfa, Hassan, Under five Shahs, London 1964.

von Blücher, Wipert, Zeitenwende im Iran, Birbach an der Riss 1949.

Bullard, Reader, Britain and the Middle East: From Earliest Times to 1963, London 1964.

Bullard, Reader, Letters from Tehran, London/New York 1991.

Churchill, Winston S., The Second World War. The Grand Alliance, Kingsport 1950.

Dalton, Hugh, Fateful Years: Memoirs 1931-1945, London 1957.

Farokh, Seyed Mehdi, Khaterate Siyasi-ye Farokh (Farokhs politische Erinnerungen), Teheran 1965.

Ismay, Hastings Lionel, The Memoirs of General the Lord Ismay, London 1960.

Pahlavi, Mohammed Reza, Im Dienste meines Landes, Zürich 1964.

Schulze-Holthus, Bernhard, Frührot in Iran, Abenteuer im deutschen Geheimdienst, Esslingen 1952.

Shuster, Morgan William, The Strangling of Persia, London 1912.

Gedruckte Quellen:

Akten zur Deutschen Auswärtigen Politik, 1918 – 1945, aus dem Archiv des Auswärtigen Amts, Ser. D, 1937 - 1945, Bd. 12.2, Die Kriegsjahre, Bd.5, Halbbd.2, Göttingen 1969.

Akten zur Deutschen Auswärtigen Politik, 1918 – 1945, aus dem Archiv des Auswärtigen Amts, Ser. D, 1937 - 1945, Bd. 13.1, Die Kriegsjahre, Bd.6, Halbbd.1, Göttingen 1970.

Archiv der Gegenwart m.b.H. (Hg.), Archiv der Gegenwart, 1941, Wien 1955.

Degras, Jane (Hg.), Soviet Documents on Foreign Policy, Bd.2, London 1952.

Dmytryshyn, Basil/ Cox, Frederick, The Soviet Union and the Middle East. A Documentary Record of Afghanistan, Iran and Turkey 1917-1985, Princeton 1987.

Hurewitz, Jacob C., The Middle East and North Africa in World Politics. A Documentary Record. Bd.1, European Expansion, 1535-1914, New Haven u.a. 1975.

Hurewitz, Jacob C., The Middle East and North Africa in World Politics: A Documentary Record, Bd.2, British-French Supremacy, 1914-1945, New Haven u.a. 1979.

Rexin, Manfred (Hg.), Die unheilige Allianz. Stalins Briefwechsel mit Churchill 1941-1945, Hamburg 1964.

Seraphim, Hans-Günther (Hg.), Das politische Tagebuch Alfred Rosenbergs aus den Jahren 1934/35 und 1939/1940, München 1964.

Zivilisationen & Geschichte

Herausgegeben von Ina Ulrike Paul und Uwe Puschner

www.peterlang.de